FRANCISCO
CANTOR DA PAZ E DA ALEGRIA

DEODATO FERREIRA LEITE

FRANCISCO
CANTOR DA PAZ E DA ALEGRIA

Dados Internacionais de Catalogação na Publicação (CIP)
(Câmara Brasileira do Livro, SP, Brasil)

Leite, Deodato Ferreira
Francisco: cantor da paz e da alegria / Deodato Ferreira Leite. –
15. ed. – São Paulo: Paulinas 2017. – (Coleção alicerces)

ISBN 978-85-356-4272-8

1. Francisco, de Assis, Santo, 1181 ou 2-1226 2. Santos cristãos –
Biografia I. Título. II. Série.

17-01422   Cdd-270.092

Índice para catálogo sistemático:
1. Santos cristãos : Biografia e obra 270.092

15ª edição – 2017
2ª reimpressão – 2023

Direção-geral: Bernadete Boff
Editora responsável: Andréia Schweitzer
Coordenação de revisão: Marina Mendonça
Revisão: Sandra Sinzato
Gerente de produção: Felício Calegaro Neto
Capa e diagramação: Claudio Tito Braghini Junior
Imagem de capa: moviestvnetwork.com

Nenhuma parte desta obra poderá ser reproduzida ou transmitida por qualquer forma e/ou quaisquer meios (eletrônico ou mecânico, incluindo fotocópia e gravação) ou arquivada em qualquer sistema ou banco de dados sem permissão escrita da Editora. Direitos reservados.

Paulinas
Rua Dona Inácia Uchoa, 62
04110-020 – São Paulo – SP (Brasil)
Tel.: (11) 2125-3500
http://www.paulinas.com.br – editora@paulinas.com.br
Telemarketing e SAC: 0800-7010081
© Pia Sociedade Filhas de São Paulo – São Paulo, 1994

Sumário

Prefácio 9

Duas vitórias 15

Estende a mão e pede 19

Realizações 23

Primeiros companheiros 29

A vida é dom de Deus 33

Verdadeira renúncia 37

Casa pobre para os pobres 41

Regra franciscana 45

Penitência 49

Senhora Pobreza 53

Humildade e obediência 57

Segunda ordem 61

Santa Clara 65

São Damião 69

Irmão Lobo 75

Missionário 81

Missão no Oriente 85

Volta do Oriente 89

Santo Antônio 93

Indulgência 97

O grande perdão 101
Despojemos o altar 105
Alegria franciscana 109
Devoto de Maria Santíssima 113
São Domingos 117
Natal franciscano 121
Três ladrões 125
Tu não és belo 129
Perfeita alegria 133
Preceito do amor 137
Ordem Terceira 141
Ordem Terceira (2) 145
Jacoba 149
Conde Orlando 153
Bênção de São Francisco 157
Amor 161
Francisco atira-se nas chamas 165
Um irmão franciscano 167
Monte Alverne 171
Perturbou-se o bandido 175
Solidão 179
As chagas de Jesus 183
Descida do Alverne 187
São Francisco pediu perdão 191
Trono vago 195

Na prática da alegria 199
Por que sofrem os bons? 205
O Cântico do Sol 209
Sublimidade da pobreza 213
Frei Elias 217
Testamento 221
Irmão Fogo 227
Nós te saudamos, Senhora Pobreza 231
De Assis para a Porciúncula 235
Morte do Santo 239
Oração 243
O autor 245

Prefácio

Quem escreve ou medita sobre São Francisco de Assis não pode deixar de sentir o próprio coração levitado em êxtase, comungar, espiritualmente, a alma encantadora do *Poverello*, poema de céu numa ação de graça florida e dilatada, e juntamente experimentar a mesma alegria casta e simples do "arauto de Deus", sonhador e poeta, guerreiro ardoroso, aprisionado e desiludido, que se sentiu enfim senhor de si mesmo no dia em que encontrou o leproso e o beijou.

Aquele austero júbilo que encheu de luz todas as suas dimensões humanas coroou-se com fulgores divinos quando Jesus crucificado lhe falou na igrejinha de São Damião: "Francisco, minha Igreja está em ruínas... Vai restaurá-la por mim".

E ele encontrou seu caminho. Seu atraente ideal, feito de renúncia, de trabalho, oração e pobreza. Uma vocação singular, que lhe daria possibilidade de ensinar a paz, a fraternidade entre os homens, numa linguagem nova, e cultivar o desapego e a simplicidade, o abandono das riquezas e a posse amorável de todas as coisas feitas irmãzinhas gentis: as aves e os peixes, o lobo e o ladrão, o fogo e a morte.

A seu lado, o Senhor foi reunindo uma falange de pessoas santas, a quem ele formava com a humildade de suas palavras e a força de seu exemplo. Os primeiros discípulos, os irmãos tão simples e desprendidos, aquela mimosa flor de Deus, Clara de Assis, a formosa, a despojada que atraiu tantas pessoas, a que combateria em favor de sua pobreza, a que promoveu a santidade e derrotou os sarracenos levantando a Eucaristia nas mãos virginais!

Todas as latitudes da santidade ecoaram na alma de Francisco, desejoso de apostolados e martírios, de penitências e renúncias ásperas, amor de Deus e ardor por Nossa Senhora, eremita de grutas e bosques, peregrino de regiões pagãs e corações algozes, recompensado, já na terra, com a participação gloriosa e crucificada dos estigmas de Nosso Senhor, na solidão misteriosa do Monte Alverne...

Os papas se enterneciam ante aquele mendigo sublime e o enriqueciam de favores e indulgências. Nosso Senhor tornava suaves e rubros os roseirais selvagens, cujos espinhos ele buscara para repelir tentações indesejadas. Santos homens de Deus o procuravam para manter com ele santas amizades. Todos se acercavam dele. E ele ampliou sua Ordem e abraçou como pai as pessoas do mundo que aceitavam seu espírito de oração e paz, de penitência e mortificação, de presença do sobrenatural nas inumeráveis fileiras dos Terceiros Franciscanos bem-aventurados e observantes, semeadores da tranquila serenidade de quem possui Deus no coração.

Ele ensinou em poesia os encantos do nascimento de Jesus e criou a melodia imortal dos presépios. Falou, em expressões insuperáveis, da felicidade das renúncias mais profundas no poema inaudito da alegria perfeita. Idealizou a mais alta réplica do *Magnificat* de Nossa Senhora quando, no jardim fechado e luminoso de São Damião, entoou um hino seráfico e fascinante, o "Cântico do Sol"!

E foi envolvido nos acordes dessa triunfal sinfonia que o elevou para o seu Senhor...

Todas essas coisas maravilhosas encontram-se neste precioso livro. Quem o escreveu tinha por certo o coração em êxtase, deliciado em espiritual comunhão, florida e dilatada, com este poema do céu, a alma de Francisco de Assis.

Dom Antônio Maria Alves de Siqueira

Meu caro Deodato,

Queira aceitar os meus parabéns por haver publicado o mais belo livro sobre São Francisco de Assis em língua portuguesa. *O cantor da paz e da alegria* honra a nossa literatura franciscana. Parecia duvidoso, após tantos Joergensen, grandes e pequenos, que o leitor brasileiro ainda encontrasse coisa digna de ler acerca de São Francisco. Pois o meu amigo conseguiu essa façanha. Por tudo, o seu livro está destinado a muitas edições.

Gênero difícil a hagiografia, porque o biógrafo moderno tomou gosto à anedota, à fragilidade e ao romanceado. É por meio dessas pequeninas traições à verdade que ele cede à popularidade do seu público. Meu amigo nada teve de ceder para ganhar a atenção do leitor. Sem cair na monotonia, sem cansar pelo gênero laudativo, sem recorrer a truques literários, o seu São Francisco agrada, instrui, comove e deixa na alma do leitor um perfume de santidade, que adere às ideias, aos sentimentos e às recordações muito tempo depois da leitura.

Seus irmãos franciscanos devem estar satisfeitos: doravante, eles poderão ter à mão a face concreta e humana da santidade cristã nesse belíssimo *São Francisco, cantor da paz e da alegria*. Que o admirável patriarca de Assis lhe conceda longos anos de vida para continuar uma obra tão bela e tão benéfica. São votos de alguém que está muito atrapalhado com os elementos naturais de uma difícil "mudança", mas não quis demorar-se mais em manifestar-lhe, meu bom amigo, algumas impressões de leitura.

Pedindo a Deus muita saúde para o nosso querido Deodato, queira abençoar este seu leitor, amigo e servo em Cristo.

Monsenhor José de Castro Nery

Duas vitórias

Francisco de Assis, humilde e grande de coração, veio ao mundo com assinalado e luminoso destino. Filho de pais abastados, seu estranho nascimento em modesta manjedoura, como o de Jesus Cristo, prenunciava já uma vida de rara santidade. Mostrou-se, contudo, sonhador no correr de sua adolescência. A presença do jovem folgazão e generoso a todos causava alegria. Dotado de excepcionais qualidades, tornou-se querido e admirado por todos os habitantes de sua poética cidade, Assis, um dos mais antigos recantos da Itália, situada na região da Úmbria.

Nasceu a 26 de setembro de 1182.

Viveu esse gigante espiritual apenas quarenta e quatro anos. De estatura abaixo da média, era magro, com fisionomia extraordinariamente expressiva, cabeça benfeita, fronte lisa e baixa. Tinha olhos escuros e límpidos, nariz afilado, orelhas pequenas, barba preta e rala, mãos finas, dedos delicados, pés pequenos, pele macia.

Para muitos, instrumento inútil ou perigoso, a palavra foi-lhe sempre arma poderosa em sua voz convincente, clara e firme. No corpo harmonioso, habitava uma alma etérea, sensível, admirável! Alma grande e sonora, harpa afinada que vibrava constantemente ao toque da graça divina.

Seu pai, Pedro Bernardone, rico comerciante de tecidos, sonhava fazê-lo homem de negócios e de fortuna. Mas ele, de feitio essencialmente lírico, de gênio alegre, pensava mais nas glórias do mundo e nos aplausos dos homens do que nos problemas comerciais do velho negociante de Assis.

Na guerra entre sua cidade natal e Perúgia, ardorosamente pegou em armas contra os peruginos. Ao partir, jurou voltar sagrado cavaleiro de reluzente panóplia. Contudo, caiu prisioneiro. Na prisão, portou-se com serenidade e levantou o moral dos companheiros, transmitindo a todos confiança e alegria. Depois de recuperar a liberdade, juntamente com os camaradas de armas, permaneceu algum tempo em Assis. Idealizando nova arrancada militar, quis alistar-se nas fileiras de Gauthier de Brienne, grande político e guerreiro da época. Mas, doente, com o organismo debilitado, teve de desistir desse intento. Não se rebelou contra os desígnios de Deus. Viu na enfermidade a vontade divina e procurou, com os olhos deslumbrados, novo caminho para a realização de seus ideais.

Conta-se que, refeito da grande enfermidade, em período de transição de uma vida para outra, encontrou-se, em passeio fora da cidade, com terrível inimigo, maior do que as tropas adversárias, mais temível do que as lanças dos soldados. Em estrada erma e deserta, viu encaminhando-se em sua direção a temerosa figura de um leproso. Ele tinha horror da lepra. Quis retroceder, fugir, pois estava apavorado. Entretanto, a graça divina manteve-o firme. Inexplicavelmente forte, dirigiu-se ao enfermo. Beijou-lhe as mãos e o rosto em demonstração de carinho. Encheu-lhe a bolsa de moedas em demonstração de generosidade.

Ao retirar-se, depois da imensa vitória sobre si mesmo, desejou guardar na retina o estranho e adorável inimigo. Voltou-se para trás, mas não logrou perceber figura alguma na estrada. Misteriosamente o vulto desaparecera.

Após esse fato, vencendo a si próprio, calcando aos pés o sentimento que lhe travava o passo, via-se apto a subir a escada da perfeição cristã.

Existem degraus em ascensão para além das nuvens, escalada fulgurante a penetrar o seio dos astros. Para a subida, não se necessita de pés firmes ou de agilidade maior, mas de alma grande e coração generoso, mãos abertas, caráter firme e ânimo decidido.

Vai Francisco galgar a sublime escada à procura da claridade eterna. Sente o chamado de Deus para a realização de extraordinário feito.

Costumava ele orar em frente ao crucifixo da solitária e velha igreja de São Damião. Achava-se esta em situação de feio abandono, de ruína mesmo. Certo dia, rezava, com os olhos postos no divino Crucificado, pendente de uma cruz bizantina, de estranha beleza. Dizia com fervor: "Grande e magnífico Deus, meu Senhor Jesus Cristo! Suplico-vos que me ilumineis, dissipando as trevas da minha alma. Dai-me uma fé íntegra, uma esperança firme, uma caridade perfeita! Concedei-me, Senhor, que vos conheça muito para poder agir sempre segundo a vossa luz e de acordo com a vossa santíssima vontade".

Pareceu-lhe então ouvir claramente: "Francisco, não vês que minha casa está em ruínas? Vai restaurá-la para mim".

Temperamento vibrátil, não vacilou. Pensando tratar-se do velho templo onde se achava, agiu de imediato, contando, para a reforma, com o dinheiro do pai que tinha em suas mãos.

Acusado de praticar furto, compareceu, depois de duras provações, perante o bispo. Judiciosamente, este lhe pediu que devolvesse ao genitor o que de direito lhe pertencia. Debateu-se em tremenda luta a alma de Francisco. Pensamentos contraditórios assaltavam-lhe a mente. Mas, instantes depois, sem indignação, desprovido do mais leve tom de aspereza, serenamente disse: "Até aqui tenho chamado de pai a Pedro Bernardone, mas agora sou apenas servo de Deus. Não somente o dinheiro, mas também tudo o que se possa dizer dele devolverei, até mesmo as roupas que me deu".

Despiu-se. Recebeu nesse patético momento por agasalho apenas a capa do jardineiro. Atirando a roupa e os objetos no chão, jogou-lhe em cima o dinheiro que pensava destinar à reforma da igreja. Voltou-se em seguida para o bispo e, humilde e corajosamente, pediu-lhe a bênção. Depois, como alguém que abandonasse o mundo em busca da eternidade, saiu, ao cair da noite, pelas estradas e bosques, cantando enlevadamente as glórias do Senhor.

Impavidamente, enfrentando a neve e o frio, venceu a rápida, mas dura batalha contra os bens do mundo. Desapegado de tudo, o jogral angélico de Deus alcança, desse modo, o segundo degrau da áspera escada que deverá subir.

Estende a mão e pede

No início de sua vida religiosa, travou um terceiro combate de ordem moral, vencendo outro inimigo, não menos perigoso do que os dois primeiros.

Por ocasião da reforma da igreja de São Damião, teve de pedir para alimentar-se. Quem sempre deu sofre muito ao ter de pedir. Sofre e luta de maneira mais intensa ainda aquele que voluntariamente abraça a pobreza, porque deverá vencer a si próprio.

Mas convém que se diga desde logo que Francisco trabalhou sempre. O trabalho foi parte integrante de sua vida. Depois, ele escreveria: "Eu trabalhava com minhas mãos, como pretendo continuar a fazer; quero, pois, que todos os irmãos exerçam um ofício honesto. Os que não sabem nenhum terão de aprender um qualquer, não por desejo de lucro, mas para que deem um bom exemplo e para não ficarem ociosos". Na comunidade religiosa, mais tarde, um buscará água, outro lenha, outros plantarão, para que alguns ainda se empreguem na colheita de cereais. Trabalham todos, cada um no ofício que lhe for mais do jeito ou do agrado.

Os homens devem viver para o trabalho, como as aves vivem para o voo das alturas. Desde o começo, ele exaltou o trabalho, bendizendo ao Senhor, que, ao dar por castigo o trabalho, com isso deu ao homem abundância, paz, despreocupação, saúde e virtudes. Abençoado castigo esse, pois pode valer por uma oração. Dizia: "Orar é trabalhar. Só quem trabalha possui a graça, pelo bem que espalha, vive rindo e cantando. Trabalhemos.[1]

---

[1] FONTES, Martins. *I Fioretti*. s.n.t.

Devemos trabalhar, se não por gosto, ao menos por amor de Deus, de acordo com a lei divina.

Exerce-se o trabalho de diversas maneiras, podendo ser ele intelectual ou manual. Feito com as mãos, exige habilidade ou vigor, variando muito a natureza do seu mister. Entre os povos antigos, certos ofícios eram considerados de ordem inferior, atribuídos unicamente aos servos e aos homens de ínfima casta. Entretanto, não só no meio dos franciscanos, como entre os cristãos de todo o mundo, qualquer trabalho confere honra e respeito.

Embora simples e humilde, será sempre de grande mérito. Jesus Cristo Nosso Senhor labutou, na sua vida humana, como operário em oficina de carpinteiro, ao lado de São José. São Paulo, o grande, homem de inteligência fulgurante, revelou-se excelente tecelão, escrevendo aos cristãos de Tessalônica nestes termos:

> Vós mesmos sabeis como deveis imitar-nos; pois que não vivemos desregrados entre vós, nem comemos de graça o pão de ninguém, antes, com trabalho e fadiga, trabalhando de noite e de dia, para não sermos pesados a nenhum de vós. Não porque não tivéssemos poder para isso, mas para vos oferecer em nós um modelo que imitásseis. Porque ainda quando estávamos convosco, vos denunciávamos isto: que se alguém não quer trabalhar, não coma (2Ts 3,7-10).

Entre os franciscanos apareceram sempre trabalhadores incansáveis. Santa Clara, filha espiritual de São Francisco, trabalhou com perfeição em todos os dias da sua vida. Suas mãos, sempre abertas para o bem, foram delicados instrumentos para os mais belos trabalhos manuais. Mesmo doente, bordava, santificando com o trabalho a sua cela e todo o convento. São Boaventura, autor de obras profundas, grande doutor, entregava-se aos mais humildes serviços. E Santa Isabel da Hungria? Rainha e santa! Suas mãos tornaram-se calosas pela labuta cotidiana.

Para os verdadeiros franciscanos, o trabalho sempre foi motivo de alegria. E, por isso, muitos deles, como os pássaros, trabalham cantando. Os seguidores de Jesus Cristo são alegres. Sentem legítima alegria, decorrente do título que lhes foi conferido no Batismo: filhos de Deus e herdeiros do céu.

Francisco, no começo do apostolado religioso, mesmo trabalhando, tem de pedir. Inúmeras vezes, sobretudo no começo, pediu com lágrimas nos olhos. Foi-lhe certamente penoso abrir os lábios para implorar, estender as mãos delicadas e finas para receber esmolas pelo amor de Deus. É verdade que "ele teve o cuidado de pedir o pão mais negro e pior que pudesse haver, as côdeas duras ou qualquer coisa menos luxuosa do que as migalhas comidas pelos cães e que caíam da mesa dos ricos".[2]

Dar não é difícil, pode mesmo ser fácil, e até agradável, mas pedir não deixa nunca de ser verdadeiro sofrimento, ainda a quem tenha os olhos voltados para o alto. Para as pessoas generosas, pedir significa praticar ato de elevado e incalculável valor.

Francisco, aquele que foi Francisco Bernardone, que abria a bolsa a todos – agora Francisco de Assis –, em gesto de purificada virtude, estende a mão e pede. Ele, pobre voluntário, ele que renunciou a tudo, agora vence a própria natureza. Esmaga o seu feitio altivo para pedir em porta estranha a esmola de um pedaço de pão.

---

[2] CHESTERTON, G. K. *Saint Thomas D'Aquin*. Paris: Libraire Plon, 1935.

No primeiro embate, venceu a si próprio, aproximando-se fraternalmente de um leproso.

No segundo, venceu, na casa do bispo de Assis, o demônio da cobiça, em ato de completa renúncia.

Agora vence o orgulho: estende a mão e pede.

Depois dessa terceira batalha, está em condições de enfrentar novos combates. Esplêndidos horizontes surgem para o corajoso Francisco. Sentindo-se vitorioso, irá cantar, cantar ainda mais, sempre, mesmo no meio de trabalhos e penas. Cantará não só nos dias de sol, mas também nos dias sombrios. Ser-lhe-á o canto alegria, consolo e remédio. De alma serena e com o coração em festa, irá de vitória em vitória demandando os altos cumes da perfeição cristã.

Realizações

A intensa vida de Francisco encheu-se de realizações, atos pequenos ou grandes, todos, porém, extraordinários e sublimados pelo amor de Deus.

Na reconstrução da igreja de São Damião, trabalhava exaustivamente e, ainda mais, para conseguir pedra e cal, cantava doces e comoventes canções. E dizem que já nesse começo da vida religiosa, embalado pela virtude da esperança, repetia com júbilo o estribilho de antiga canção cavalheiresca: "Tão grande é o bem que espero receber, que toda a pena me dará prazer".

Francisco cantava e pedia: "Aquele que me der uma pedra, receberá uma recompensa no céu; aquele que me der duas pedras, receberá duas recompensas; aquele que me der três pedras, três recompensas receberá".

Muitos homens de Assis riram, a princípio, mas entre palavras de sarcasmo davam-lhe alguma coisa. Ele pedia todos os dias não para si, mas para a casa de Deus. E trabalhava em duro serviço braçal, sem um instante de desfalecimento. O pai, Pedro Bernardone, indignado, ausentava-se muitas vezes de Assis, porque não queria ver o filho naquela tarefa que ele julgava indigna, mas que era na realidade meritória, pois que não trabalhava para os senhores da terra, mas para o Senhor do céu.

Certa noite, faltando na igreja azeite para a lâmpada do santíssimo sacramento, Francisco resolveu, num esforço maior, conseguir algum dinheiro para que não se apagasse, em noite alguma, aquela votiva luz. Entre outras casas, deparou-se com uma em que se realizava um animado festim. Resolveu pedir aos convivas. Mas, quando percebeu que estes eram seus antigos companheiros de festas, quis retroceder com receio de ser ridicularizado. Teve medo da zombaria, da caçoada dos amigos de outrora. Hesitou durante alguns minutos. Depois, vencendo a momentânea covardia, penetrou no rico solar, pedindo, pelo amor de Deus, um auxílio para a compra do azeite de São Damião. Houve alvoroço. Interromperam-no com vaias. Mais ou menos assim, como nos conta o poeta Martins Fontes:

> Loucos, alegres, num delírio infando,
> à luz da ardente mocidade em flor,
> os rapazes passavam gargalhando,
> embebedados pelo sol do amor.
>
> E a fanfarra estrugia, e, temerando,
> cada qual deles, com mais vivo ardor,
> procurava mostrar-se do seu bando
> o mais feliz, o mais assanhador.

Os moços instam para que Francisco divirta-se. Que pule, cante, faça vibrar sua pujante mocidade. E ele, voltando-se tranquilamente para o alto, exclama: "Perdoai-lhes, não sabem o que fazem. Na vossa graça os acolhei, meu Pai".

* * *

Depois da igreja de São Damião, restaura ele ainda a da Porciúncula, chamada Santa Maria dos Anjos. Estava persuadido de que seu principal dever, então, era consertar e construir igrejas. Nesse propósito, portou-se com denodo. Dizia: "Aqui na terra, nada vejo do Filho de Deus, senão o seu santo corpo e sangue; honrarei, pois, esses mistérios sagrados e louvá-los-ei acima de tudo". E zelava ardentemente pelos templos, onde se realizavam os santos mistérios. Gostava muito das igrejas e das capelas, tendo-as como casas de Deus, iluminadas pela sua divina presença.

Mas Deus não está em toda parte?

Sim, Deus está no céu, na terra e em toda parte, mas principalmente na igreja, onde aparece no sacramento da Eucaristia, com seu corpo, sangue, alma e divindade.

No altar vive Jesus, o mesmo Jesus que tomou o pão, e o benzeu, e o partiu, e o deu a seus discípulos, dizendo: "Tornai e comei; isto é o meu corpo" (Mt 26,26). Aquele Jesus que afirmou aos homens, de modo preciso: "Eu sou o pão vivo, que desceu do céu. Quem comer deste pão viverá eternamente; e o pão, que eu darei, é a minha carne, para ser a vida do mundo" (Jo 6,51).

No dia de São Matias, em 24 de fevereiro de 1209, Francisco meditou longamente, desde a madrugada, sobre a missão do pregador. Sentiu que não bastava reformar igrejas, mas que devia também pregar a Palavra de Deus. Nesse dia, na principal igreja de Assis, por divina inspiração, compreendeu, de maneira bem clara, o dever de propagar a doutrina cristã. Ouvindo, no momento do Evangelho, o padre dizer: "Não possuais ouro nem prata, nem tragais dinheiro nas vossas cintas; nem alforje para o caminho, nem duas túnicas, nem calçados, nem cajado" (Mt 10,9-10), não teve dúvida a respeito da pobreza evangélica. Ele seria pobre, realmente pobre, e assim teria mais autoridade para mostrar a todos o caminho do céu.

Começou, nesse ano de 1209, sua missão de apóstolo e evangelista. Daí por diante, pregou sempre. "Que o Senhor vos dê a paz" eram as suas primeiras palavras. Iniciava as suas práticas falando da paz, tornando-a presente em todos os lugares onde chegasse, pois lembrava-se da advertência do Mestre: "Em qualquer casa onde entrardes, dizei primeiro do que tudo: 'A paz esteja nesta casa'" (Lc 10,5). Desejava, com o pensamento no alto, que todos tivessem paz no coração, vivendo sem ódios ou egoísmos, sem inveja ou qualquer outro sentimento mesquinho. Mostrava a necessidade da paz com Deus, na observância dos divinos mandamentos. Contudo, a paz que ele desejava não era só a da consciência, a que, dentro de si, cada um deve ter, mas a paz que deve reinar entre todos os homens. Não a paz dos comodistas e fingidos, mas aquela ensinada por Jesus Cristo. Queria que todas as criaturas humanas vivessem em concórdia, unidas pelo santo amor, em verdadeira felicidade.

Logo depois de Francisco, viria ao mundo um homem de gênio, dos maiores poetas de todos os tempos: Dante, o iluminado autor de *A divina comédia*. Ninguém conseguiu ainda penetrar todas as profundezas desse livro sem igual. Obra complexa e verdadeiramente maravilhosa, constitui o maior monumento da literatura italiana. O autor desse grande livro, que recebeu em vida todas as honras, trazia no coração o horror do inferno. Certa vez, esse homem extraordinário, de inteligência excepcional, chegou a um convento, perdido nos Apeninos, e pediu o bálsamo da paz cristã para tranquilidade de seu coração amargurado.

Dante, terceiro da Ordem Franciscana, conhecedor dos ensinamentos de Jesus, sabia muito bem que a paz pregada pelo Santo de Assis, a paz verdadeira, geradora da felicidade, só poderia existir fora do burburinho e das ambições do mundo, longe das perigosas competições e dos ruidosos aplausos terrenos.

No princípio das pregações, receberam Francisco sem entusiasmo. Não tendo ainda o mandato da Igreja, fazia tão só pequeninos discursos, mas sempre cheios de zelo para que todos se salvassem. Suas prédicas, quase todas em praça pública, eram simples e fervorosas, exortando o povo à penitência, a pensar na alma. Suas alocuções – plenas da mais alta espiritualidade – nem sempre no começo despertavam o sentimento religioso dos ouvintes. Muitos deles desejavam ouvi-lo mais por curiosidade, pois certamente queriam ver, de perto, apenas o filho do negociante Bernardone. Mas, pela sua dialética e argumentos, e mais do que isso, santidade, ouviam-no com enlevo e respeito, pouco depois. Inúmeras vezes, a sua palavra, invariavelmente clara e precisa, cairia em terra boa e fértil.

Primeiros companheiros

Entre os ouvintes de Francisco, estava sempre um homem possuidor de grande fortuna. Chamava-se Bernardo de Quintavalle. Esse homem ficou profundamente impressionado com o exemplo e a pregação do jovem de Assis, mas quis ter certeza da sinceridade de tudo o que via e ouvia.

Certo dia, convidou o filho de Bernardone para pousar em sua casa, que era faustosa e realmente aprazível. Deu-lhe excelente quarto. No começo da noite, Francisco, que tinha sempre o cuidado de ocultar sua santidade e que nada fazia com ostentação, fez como se fosse dormir, estendeu-se na cama para um profundo sono. Depois de algum tempo, ao ouvir o ressonar do hospedeiro, levantou-se e rezou fervorosamente, repetindo muitas vezes estas palavras: "Meu Deus e meu tudo". Bernardo fingia dormir, mas na realidade estava observando, por uma fresta, o procedimento do hóspede. E ficou edificado. Francisco, com suas orações profundamente sinceras, causou a mais viva impressão no espírito do rico negociante, que, depois dessa noite, não teve dúvida a respeito da grande missão destinada por Deus ao filho de Bernardone. E decidiu-se com coragem e firmeza: seria ele o primeiro companheiro daquele moço inspirado e santo. Abriria mão de seus bens e deixaria o mundo com suas honras e galas para abraçar o ideal da perfeição cristã.

Francisco de Assis resolveu ouvir outra vez o Evangelho, agora em companhia de Bernardo. Dirigiram-se à igreja de São Nicolau e rezaram diante do Santíssimo Sacramento do altar. Em seguida, abriram o livro sagrado e deram com estas palavras: "Se queres ser perfeito, vai, vende o que tens e dá-o aos pobres, e terás um tesouro no céu" (Mt 19,21). Pela segunda vez abriram o livro, e eis que se depararam com o seguinte: "Se alguém quer vir após mim, negue a si mesmo, e tome a sua cruz cada dia e siga-me" (Lc 9,23). Pela terceira vez abrem o livro e eis que encontram o seguinte: "Não possuais ouro nem prata, nem tragais dinheiro nas vossas cintas" (Mt 10,9).

A vida, bem como a regra de São Francisco e de seus irmãos, encontram base sólida nessas verdades evangélicas. O Santo de Assis sempre teve como certo que deveria ser pobre e que pobres deveriam ser também seus irmãos de hábito. Figura a pobreza uma senhora, uma dama de alta nobreza. E por ela se bate galhardamente. E dela faz-se incomparável cavaleiro, desposando-a na maior alegria.

"Tu, só tu, puro amor, não faltas nunca, lírio da perfeição. Santa Pobreza!"[1]

A respeito da pobreza de Francisco, escreveram-se livros e poemas dos mais belos da literatura universal.

Pedro de Catani foi o seu segundo discípulo. Era cônego e conselheiro legal do capítulo de Assis. Homem de inteligência e de apreciável instrução, seguiu São Francisco. Ele também renunciou aos seus bens, aos seus sonhos. Bernardo e Pedro de Catani, um dia, em companhia de Francisco, fizeram aos pobres, na praça pública, distribuição de todos os seus haveres.

Nessa ocasião, passava pelo local o Padre Silvestre; este, embora fosse um sacerdote, era homem seguro, excessivamente seguro, e exigiu de Francisco um pagamento maior pela venda de pedras que antes lhe fizera por ocasião da reconstrução da

---

[1] FONTES, Martins. *I Fioretti*. s.n.t.

igreja. Francisco, admirado daquele procedimento, colocou a mão na bolsa de Bernardo, onde havia dinheiro, tomou uma boa porção e bruscamente a entregou ao sacerdote, censurando-o pela sua avidez.

O Padre Silvestre ouviu a palavra de censura e de mágoa de Francisco e, retomando o caminho de casa, sentiu que o dinheiro lhe ardia nas mãos. Esse fato foi o princípio de uma nova vida para o jovem padre, que refletiu na grandeza daqueles que davam tudo por amor de Deus. Reconheceu a sua mesquinharia. Arrependeu-se. Lembrou-se da palavra sagrada: "Ninguém pode servir a dois senhores, porque ou há de aborrecer um e amar outro, ou há de acomodar-se a este e desprezar aquele. Não podeis servir a Deus e às riquezas" (Mt 6,24).

O Padre Silvestre meditou com seriedade nas palavras do Eterno Senhor e tornou-se generoso. Algum tempo depois, entregou-se a Francisco, como verdadeiro cristão; companheiro grande e humilde, que o acompanhava sempre. E São Francisco teve por ele muito respeito. Aliás, São Francisco manifestou, em todas as horas de sua edificante vida, profundo respeito pelos padres. Tinha-os como o prolongamento do sacerdócio de Jesus Cristo. Neles via a sublime dignidade do sacerdócio eterno, tendo-os como medianeiros entre Deus e as criaturas, sabendo que, por ocasião do sacrifício eucarístico, é o próprio Jesus que se oferece ao Eterno Pai. E, diga-se de passagem, que São Francisco não se ordenou, não foi padre; recebeu, depois de iniciado o seu apostolado, as ordens menores. Era diácono. Mas teve sempre da Santa Sé autorização para pregar a doutrina da Igreja.

Francisco, Bernardo e Pedro de Catani deixaram Assis e foram para um lugarejo próximo, a Porciúncula. Ali construíram uma choupana, primeira e humilde habitação dos frades menores.

Alguns dias depois da partida de Francisco e de seus dois primeiros companheiros, um jovem de nome Egídio resolveu procurá-los. Ele ouvira fascinado as palavras do filho de Bernardone na praça principal da cidade, palavras que lhe calaram fundo no espírito.

Depois de longa e séria meditação, seguiu em direção da Porciúncula. Diante do hospital de São Salvador dos Muros, o caminho dividia-se em dois. Sem saber qual deveria tomar, pediu fervorosamente a Deus que o inspirasse. Sua súplica foi atendida. Encontrou-se com quem desejava encontrar-se. E, ajoelhando-se diante de São Francisco, solicitou que fosse ele também recebido entre seus filhos espirituais. Este, cheio de alegria, assim lhe falou: "Deus concedeu-te imensa graça. Se o imperador te houvesse escolhido para sua guarda de honra, seria para ti mérito e distinção. Entretanto, maior deve ser tua alegria, pois Deus Nosso Senhor te escolheu para o seu divino serviço. Foste chamado para praticar a santa perfeição evangélica". E, dirigindo-se aos seus companheiros, disse: "O Senhor Nosso Deus nos envia mais um bom confrade. Regozijemo-nos, pois, e comamos juntos, amando-nos".

Egídio foi figura notável entre os primeiros franciscanos.

A vida é dom de Deus

Francisco desejava que, a par com o espírito de renúncia e de sacrifício que deve existir na vida de todos os seus filhos espirituais, houvesse também o entusiasmo pela vida, sabendo que ela é dom de Deus.

Ele compreendia e vivia a doce doutrina do puro amor. E, por isso, era alegre e sentia-se feliz.

Num dia de sol, Francisco saiu pela estrada em companhia de Frei Egídio. Perto de uma pequena cidade, ao sopé do Monte Alverne, viram um grupo de crianças. E Francisco, enlevado e risonho, exclamou, como nos refere o poeta Martins Fontes:

> Que cena, Egídio! Olhai! Não façais bulha...
> vede a alegria que há naquele bando
> de crianças ao sol, rindo e cantando,
> como a selva em torno remurmura!
>
> Em cada face brilha uma fagulha
> da ingenuidade em flor... Vamos andando...
> Foram. E, São Francisco, eis, senão quando,
> lhes diz assim, como uma pomba arrulha:
>
> Meus sadios, caríssimos bambinos,
> consenti que eu comparta dos divinos
> folguedos vossos e das vossas danças.
>
> E a dedilhar uma infantil viola,
> feita por ele e envolta na sacola,
> baila e toca, a brincar entre as crianças.

Francisco de Assis e seus filhos espirituais foram realmente admiráveis. Eles falavam a todos do amor de Deus e o apontavam em tudo, nas maravilhas do universo, no sol, nas estrelas e em todos os astros do firmamento infinito. Viam Deus na terra dos homens, nos vales e nos altos picos dos montes, nos rios e nos mares.

Mostravam Deus nas grandes florestas e nos verdejantes bosques. Lembravam a todos as memoráveis palavras de Jó:

"Pergunta, pois, aos animais, e eles ensinar-te-ão; às aves do céu, e elas indicar-te-ão. Fala à terra, e ela responder-te-á; e os peixes do mar instruir-te-ão! Quem ignora que a mão de Deus fez todas estas coisas?" (Jó 12,7-9).

Francisco de Assis e seus dedicados companheiros exclamavam: "Os céus proclamam a glória de Deus e o firmamento canta a obra de suas mãos".

Devemos amar a Deus, amar de verdade. E devemos amar o próximo por amor de Deus. Toda a lei divina está resumida nesse preceito. Para amar ao eterno Senhor, viemos a este mundo, pois sabemos que estamos aqui para conhecer, amar e servir a Deus. Depois, em outra vida, participaremos da eterna felicidade. No amor de Deus encontra a criatura humana a felicidade verdadeira. Quem amar a Deus e amar a seus irmãos será feliz neste mundo, e mais, incomparavelmente mais ainda, depois, na visão beatífica do céu. Peçamos, pois, o amor de Deus.

São Francisco amou a Deus e, por isso, amou a todos os seres humanos, estreitando-os em grande e afetuoso amplexo. Via em cada pessoa um irmão querido. Procurava a todos e com todos repartia as ternuras de seu coração. Ele via em cada ser humano, dono de uma alma imortal, a imagem de Deus, do seu Deus, por quem ele daria mil vezes a vida.

Amou a Deus e foi feliz. Quem ama a Deus é abençoado, venturoso mesmo no meio das maiores vicissitudes do mundo.

Caracterizou-se o apostolado franciscano por suave e constante alegria: eram rostos risonhos e claros, simpáticos semblantes. Olhos e lábios que exteriorizavam, por brilhos e sorrisos, a alegria de almas grandes e generosas. O Santo nunca se mostrou de mau humor, jamais foi triste, mesmo porque, se tivesse sido triste, teria sido um triste santo... E isso não aconteceu. Com frequência, costumava afirmar ser a tristeza a doença dos homens que procedem mal, dizendo: "Os que pertencem ao diabo andem de cabeça baixa; quanto a nós, alegremo-nos no Senhor". E pedia ainda: "Guardem-se os irmãos de aparecerem tristes e sombrios exteriormente, como hipócritas! Mostrem-se, porém, contentes no Senhor, alegres e judiciosamente amáveis".

Não lhe saíam da mente, talvez, aquelas profundas verdades contidas nos provérbios de Salomão: "O coração contente alegra o semblante; com a tristeza de alma se abate o espírito" (Pr 15,13). Garante o Padre José de Castro que era a alegria transbordante que o fazia cantar:

> O canto é próprio do amor e quem ama está contente. Contente, sobretudo, quando se sente amado. Cantava em francês, na língua da poesia e da religião, na língua que aprendera no regaço de sua mãe, por entre beijos e abraços. Cantava em francês, sobretudo quando o coração transbordava, porque era o idioma dos seus mais puros afetos.

Cantou de modo expressivo nos salões e nas ruas de Assis, mas cantou muito melhor depois de ter revestido o burel de pobre e humilde religioso. Então, cantou de maneira incomparável o amor das alturas, que lhe abrasava o coração.

Devemos, sem cessar, pedir o divino amor. São Francisco sentia o coração inundado de felicidade pelo "amor de Deus". E, se alguma tristeza sentia, era unicamente porque o Amor não era amado. Ele saiu, certa vez, pelo vale de Spoleto a bradar: "O Amor não é amado, o Amor não é amado!". Cheio de pesar, não podia compreender porque a criatura humana não se voltava para o Divino Criador, amando-o.

Doce pregoeiro do amor universal, misto de asceta e de apóstolo, de místico e de missionário, pregou e cantou o amor de Deus. Apontava Deus como fonte perene de toda a vida, como modelo de toda a beleza! A vida desse grande santo é, por isso, um claro e luminoso poema. Eis a exclamação constante de sua alma em festa: "Meu Deus e meu tudo!".

Na mocidade, Francisco Bernardone sonhou ser cavaleiro e comandante. Imaginou para sua glória o comando de poderosa milícia. A Providência divina levou-o à chefia de um exército numeroso e brilhante. Seus soldados foram homens corajosos, que tiveram nas mãos a cruz e no coração o amor.

É certo que esses felizes milicianos do Evangelho tiveram dias difíceis, penosíssimos, mas Francisco de Assis era chama de intensa luz, que lhes iluminava a vida, tudo aquecendo com o seu ideal. De olhos voltados para o divino Crucificado, eles suportavam as agruras e, com muita felicidade, desdobravam-se nas pregações da Palavra de Deus.

Verdadeira renúncia

A capacidade de renúncia, no mais humilde dos santos, foi realmente extraordinária. Renunciou a todos os bens terrenos, em perfeito abandono de tudo que pudesse ser embaraço à arrancada para o alto.

A renúncia importa no afastamento de todas as inclinações inferiores, numa extinção completa dos desejos humanos. O homem pode escolher a escravidão do pecado ou a liberdade do amor de Deus.

Verdadeira liberdade só pode ter aquele que a tudo renunciar, desapegando-se das coisas efêmeras do mundo. Com razão disse, por consequência, um pensador francês: "O homem é tanto mais livre, quanto maior a sua capacidade de renúncia".

O admirável Francisco começou sua vida espiritual por um ato de espetacular beleza: na casa do bispo, diante do pai, Pedro Bernardone, despojou-se física e espiritualmente de tudo. Por ter horror ao pecado, quebrou, assim, todas as correntes que o prendiam ao mundo. Desligando-se de todos, a todos pôde dedicar-se, no cumprimento de um programa que foi o mais belo dos programas humanos.

Desapegado de todas as coisas materiais, numa perfeita renúncia de todos os bens da terra, exercerá sobre os homens duradoura e benéfica influência. Ele arrastou, em sua passagem, no mesmo arrebatamento, homens e mulheres das mais diversas idades e condições. Todos o amaram; mais do que isso – o veneraram. Homem boníssimo, espírito elevado e puro, era dono de um coração imenso e raro, sem limites para o amor. Por isso, os passarinhos voavam e revoavam, cantando em seu derredor. Encantado, falava com todos os pássaros, que não se afastavam, antes, escutavam-no, e vinham pousar em seus ombros. O poeta Cleómenes Campos repete, de modo perfeito, as palavras do Santo dirigidas às aves do céu:

> Meus suaves irmãos, diletos passarinhos,
> entoai ao Senhor os mais altos louvores,
> pois tudo ele vos deu, desde as asas ao canto,
> canto de vários tons, asas de várias cores!
> Podeis construir, onde quereis, os vossos ninhos,
> beber em qualquer fonte (eles, ouvindo o santo,
> pousavam-lhe nas mãos e nos ombros, mansinhos)
> e ter, sem trabalhar, o melhor alimento.
> Para vos distrair, criou as irmãs flores;
> para vos embalar, criou nosso irmão vento.
> Tudo o que existe é vosso; é preciso, portanto,
> que o louveis sem cessar, de momento a momento,
> meus suaves irmãos, diletos passarinhos!

Francisco e seus primeiros companheiros tiveram, a princípio, como residência, a pequena cabana da Porciúncula. E aí, como depois, sempre trabalharam, executando com prazer ofícios humildes. Muitas vezes saíam a pregar, ensinando a doutrina cristã, mostrando que a verdadeira felicidade consiste no amor de Deus e do próximo. Faziam ver a todos que o pecado é o maior mal do mundo e que o sofrimento, a doença, a pobreza e as vicissitudes humanas podem ser preciosos elementos à purificação da alma, que é imortal e que um dia subirá para o Eterno Senhor.

Na primeira hora franciscana, doze foram as figuras que rodearam o filho de Bernardone: Bernardo de Quintavalle, Pedro de Catani, Silvestre, Egídio, Morico, João de Capela, Felipe Longo, João de Santa Constança, Barbari, Bernardo de Viridante, Ângelo e Sabatino.

Um deles, João de Capela, não perseverou no caminho da santidade. Infeliz, afastou-se da Ordem para entrar de novo no mundo das ilusões e dos enganos. Outro, Frei Morico, revelou-se homem de grande virtude. Conta-se dele interessante fato que justificou, de maneira expressiva, sua entrada para o número dos primeiros discípulos.

Religioso da Ordem de Santa Cruz, jazia enfermo no hospital de Assis, abandonado pelos médicos, sem esperança alguma de recuperar a saúde. Seus irmãos, certos de sua morte, encomendavam-lhe a alma aos sufrágios das pessoas, que raramente o visitavam, receosas do contágio de uma doença não bem definida.

Frei Morico, certo de seu próximo desenlace, mandou pedir a Francisco, homem de real pobreza e que a Deus inteiramente se dedicara, que orasse por ele, prestes que estava a comparecer perante o divino Juiz. Francisco rezou fervorosamente pelo pobre moço. E fez mais: enviou-lhe um remédio para o corpo, contendo uma pequena porção de azeite da lâmpada da igreja de Santa Maria dos Anjos. Ao mandar o remédio, acrescentou: "Este remédio é um bálsamo, abençoado por Deus, para restituir a saúde corporal ao querido Frei Morico. Pela divina vontade, ele, depois de restabelecido em suas forças físicas, irá pertencer ao nosso grêmio, numa renúncia ainda mais perfeita, numa inteira união a Cristo Nosso Senhor".

Essas palavras foram confirmadas pela realidade do que aconteceu. Tempos depois, restabelecido, Morico conseguiu de seus superiores a necessária licença para deixar a Ordem a que pertencia e acompanhou firmemente o Pobrezinho em todos os seus passos, tornando-se valoroso soldado da milícia, enfrentando com os outros primeiros franciscanos a luta áspera pela causa de Deus.

É certo que São Francisco e seus companheiros foram verdadeiros apóstolos, tudo fazendo pela conversão dos pecadores, num trabalho verdadeiramente heroico. Auxiliados pela divina graça levaram, logo nos primeiros dias de apostolado, muitas almas para as eminências celestes. Afirma Tomás de Celano, de modo expressivo, que eles lutavam, como gigantes, na arena do bem. Na pobreza, eram os mais fiéis imitadores de Jesus Cristo. Mais do que com a palavra, tudo conseguiam com o exemplo de uma vida de verdadeira renúncia. Realmente pobres, de pobreza impressionante:

> [...] um só hábito remendado por dentro e por fora e uma corda à cintura bastavam-lhes por vestimenta. Não se afanavam pelas coisas do tempo, não se inquietavam pelo dia seguinte: um pedaço de pão esmolado e um esconderijo qualquer lhes bastavam em viagem para sustento e abrigo, ainda no frio mais cruel. Trabalhavam também – mais para socorrer a outros, particularmente aos míseros leprosos, do que para ganhar algo para si.[1]

Francisco deu excelente ensinamento a seus filhos espirituais, desejando que todos eles fossem pobres, real e absolutamente pobres, fazendo mesmo o voto de inteira pobreza, além do voto de castidade e obediência.

---

[1] Dito por Tomás de Celano, em *Vita Prima*, citado por B. C. Andermatt.

Casa pobre para os pobres

O Santo de Assis passou da pequena cabana da Porciúncula à casa do Rivo Torto. Chamava-se assim por causa da volta brusca que o pequeno rio fazia nesse lugar. A casa, distante de Assis talvez mais de uma hora de caminhada, ficava nas proximidades de um leprosário. Quando o grupo franciscano foi para lá, estava totalmente abandonada, parecendo não ser de ninguém; servia de abrigo aos homens do campo e ao gado nos dias de chuva torrencial.

A mísera casa, conhecida por "tugúrio", foi residência dos primeiros irmãos por algum tempo. Residência de tal maneira pobre e humilde, que Francisco costumava dizer a seus companheiros para que não desanimassem: "Irmãos, meus caríssimos irmãos, sabei que de uma cabana se sobe mais depressa ao céu do que de um palácio".

Os primeiros dias dos franciscanos foram sombrios e difíceis, assinalados por duras provações, sempre recebidas, entretanto, com coragem e alegria.

O bispo de Assis, excelente homem, com prudência humana, disse a Francisco que não seria possível a vida de seus irmãos em tão rigorosa indigência. A resposta do Santo foi esta:

> Senhor bispo, se possuíssemos bens, seríamos obrigados a possuir também armas para defendê-los e protegê-los. De toda propriedade resultariam fatalmente discussões com o vizinho, que prejudicariam o amor a Deus e aos homens; portanto,

para conservarmos esse amor intacto e puro, estamos absolutamente decididos a nada querer possuir neste mundo.[1]

Diante da firmeza de tais palavras, o prelado nada teve a replicar. Percebeu o alto ideal do seu jovem amigo. Sentiu que não tinha o direito de proibi-lo, nem tampouco de pôr entraves à sua realização.

Narram os historiadores que, a 4 de outubro de 1209, o imperador da Alemanha, Othon IV, transitava por Assis; passando bem perto do Rivo Torto, viu os pobres franciscanos. E conta-se que o Santo, melancolicamente, fez uma profecia a respeito do poderoso monarca. Teria dito: "Esse homem receberá das mãos do papa Inocêncio III a coroa de imperador romano, mas a sua glória será efêmera, os seus dias serão marcados pelo sofrimento e a maldição cairá sobre ele, porque é violento; a violência gera a violência".

Realmente, levado pela ambição, Othon IV quis impor o seu domínio aos italianos e foi excomungado. Mais tarde, batido pelos franceses, morreu no exílio, em 1218.

Aos pobres e desamparados do mundo pertencia a ternura e o maior carinho de Francisco de Assis. Ele desejava enxugar todas as lágrimas e curvar-se caridosamente diante de todos os infelizes; entre estes, estavam os seus benjamins: os leprosos, criaturas sofredoras e inteiramente desprezadas do mundo.

Certa vez, Frei Diogo, seu irmão de hábito, acompanhava um enfermo corroído de feridas purulentas, todo deformado pela lepra. E aconteceu encontrar-se no caminho de Assis com Francisco, que não pôde esconder sua admiração por quem heroicamente se colocava ao lado daquele infeliz homem e disse

---

[1] JOERGENSEN, J. *São Francisco de Assis*. Petrópolis: Vozes, 1982.

algumas palavras de estímulo ao religioso, que estava bem ao lado do doente. Entretanto, percebeu que suas palavras feriram o pobre leproso, tornando-o ainda mais infeliz. Sem vacilar, lançou-se-lhe então aos pés, pedindo-lhe perdão. E beijou-lhe as mãos, nessa hora, com humildade.

Outra vez, indo por uma rua da cidade, Francisco censurou um religioso, companheiro do Rivo Torto, que repelira asperamente um mendigo, que de maneira impertinente e com instância pedia esmolas, mostrando sua extrema pobreza.

E Francisco fez mais: de joelhos, pediu perdão ao mendicante. Voltando-se para o companheiro, disse-lhe: "Irmão, quando vires um pobre, pensa que estás diante de um espelho do Senhor e de sua pobre mãe".

Um homem como Francisco, que tão sincera e intensamente amava a Deus e ao próximo, não podia deixar de ser homem de extrema bondade. Disse um escritor: "A bondade de São Francisco ia de Deus às suas mais humildes criaturas". Bom no verdadeiro sentido da palavra, deixava transbordar a sua bondade, que era a de um coração generoso, moldado no próprio coração de Jesus. A sua imensa bondade levava-o a não fazer jamais juízos temerários. Nesse sentido, é expressivo o fato que se deu certa ocasião em que se afastou de Assis, em companhia de outro religioso, em direção de Roccabrini. Um pobre homem esfarrapado e sujo aproximou-se dele e fez-lhe um pedido. A comoção de Francisco foi muito grande ao contemplar a ruína física e moral do desgraçado. Contudo, seu companheiro de viagem, que se achava perto, comentou: "Pelos farrapos e pela sujeira, esse homem parece realmente um mendigo; mas, pudéssemos penetrar-lhe o íntimo, e veríamos ali instalados sentimentos inferiores, como a ambição, a revolta e a sensualidade".

Francisco entristeceu-se profundamente ao ouvir aquelas palavras temerárias e, portanto, destituídas de caridade. E fez ver ao companheiro, recriminando-o, que qualquer juízo a respeito dos pecados alheios é sempre perigoso e que jamais se deve julgar a quem quer que seja, menos ainda a alguém que pede pelo amor de Deus.

O Santo de Assis, que desde o começo de sua vida terrena mostrou-se amigo dos pobres e desamparados, vive hoje no convívio de milhares de homens, pois é certo o que disse o grande poeta francês, Charles Péguy: os santos, mesmo os que viveram em passado remoto, estão constantemente ao nosso lado; são pessoas mais reais na nossa vida do que muitas que passam junto de nós pelas ruas da cidade.

São Francisco vive até mesmo no meio de muitos de nossos irmãos separados, como viveu ao lado de Sebatier, escritor de grande talento que, sem dúvida, entrou no céu pelas mãos chagadas do Poverello.

Um homem com o coração inundado pelo amor de Deus não poderia deixar de ser um grande santo. Francisco, santo do amor e da bondade, fulge como estrela de primeira grandeza no firmamento da bem-aventurança eterna.

Regra franciscana

O profundo amor de São Francisco pelos santos apóstolos iria levá-lo certamente a Roma. As figuras de Pedro e Paulo, lá sepultados, empolgavam-lhe a imaginação. Além disso, ele tinha enviado a regra da vida para seus irmãos e sonhava com o beneplácito da Cúria Romana. Filho obedientíssimo da Igreja, nada poderia fazer sem a sua aprovação.

Assim é que, no verão do ano de 1210, Francisco e onze de seus companheiros partem de Rivo Torto e tomam o caminho de Roma, atravessando cidades e povoados, sempre bem acolhidos, deixando em toda parte a semente da Palavra divina. Os discursos que proferia eram sóbrios e, por isso mesmo, belos, reflexos de uma vida de exemplar pureza.

Em Roma, depois de muita dificuldade, foi recebido pelo Papa Inocêncio III, que, admirado, ouviu a exposição de um programa de vida que era a cópia da vida dos primeiros cristãos, franco retorno aos primeiros dias do cristianismo: um comunismo no alto e verdadeiro sentido da palavra. Desse comunismo sagrado, poderemos ter uma ideia lendo os seguintes versos de Durval de Morais:

> Nada tendo no mundo, haveis de ser felizes.
> Para todos Deus fez o que o universo encerra.
> Uma planta não diz a outra planta: as raízes
> afastai, pois é meu este trecho de terra.
>
> O Pai, que veste a rosa e dessedenta os lises,
> os homens não criou para tombar na guerra

do egoísmo, ou voltar cheios de cicatrizes.
O "Amai-vos" é um luar que o paraíso descerra.
Na vida interior existe a doce calma.
A oração é do céu o fecundante orvalho que, sobre as flores da Obra, instila o sentimento.
Os Crentes formarão um coração e uma alma.
Operários de Deus: pelo honesto trabalho de vossas mãos, ganhai o corpóreo sustento.

Francisco falou de seus estatutos, da regra que escrevera. Inocêncio III, indeciso, sem conhecimento algum daquele estranho personagem, quer esperar para depois decidir. Quer esperar, também, porque muitos cardeais se mostravam contrários à aprovação de uma regra baseada na pobreza absoluta. Não queriam que o pontífice aprovasse uma coisa que lhes parecia desacertada e de impossível prática. Mas um dos cardeais, o Cardeal João de São Paulo, prelado de reconhecida virtude, que desde logo descobrira em Francisco o homem de Deus, exclama com firmeza: "Pois, se vão dizer a esse homem que é impossível viver como viveu Nosso Senhor Jesus Cristo, triste ideia ficará ele fazendo do que nós pensamos do Divino Mestre".[1]

O Papa, alguns dias depois, em sonho, teve a revelação da missão destinada a Francisco por Deus. A Igreja será restaurada em seus costumes pelo Pobrezinho, que outra coisa não deseja para si e para seus companheiros senão viver em conformidade com o Evangelho, prestigiando e engrandecendo a Igreja de Jesus Cristo. Eis o que disse Inocêncio III a Francisco e a seus discípulos, decidindo favoravelmente a respeito da regra seráfica:

---

[1] Idem, ibidem.

Meus irmãos, ide com Deus e pregai a todos a conversão, à medida que o Senhor vos inspirar. E, quando o Todo-Poderoso tiver multiplicado vosso número, voltai a mim sem receio, e haveis de encontrar-me disposto a conceder-vos muito mais, assim como a confiar-vos grandes trabalhos.[2]

Depois dessas palavras de aprovação, eles prostraram-se e, de joelhos, juraram obediência ao Papa. Deixaram Roma, cheios de júbilo, voltando felizes para Assis. E Francisco foi profeta em sua própria terra, pois de Assis irradiou a luz franciscana para toda a península, e depois para a França, para a Espanha, para todo o continente europeu, enfim.

Era ele o jogral do Grande Rei. Adorava Jesus Cristo e dizia com seus irmãos: "Nós vos adoramos, Senhor Jesus Cristo, aqui e em todas as vossas igrejas no mundo inteiro, e vos bendizemos, porque, pela vossa santa cruz, remistes o mundo". Exortava a todos: "Temei e honrai a Deus! Louvai e celebrai a Deus! Rendei graças ao Senhor, ao Todo-Poderoso, e invocai a Deus uno e trino, o Pai, o Filho e o Espírito Santo, criador de todas as coisas! E convertei-vos, e que a vossa conversão dê os seus frutos". Repetia as palavras de São Tiago: "Que aproveitará, irmãos meus, se alguém diz ter fé e não apresenta obras? Salvá-lo--á, porventura, tal fé? Se um irmão ou uma das irmãs estiverem sem alimento e algum de vós disser: 'Ide em paz' mas se não lhes der as coisas necessárias ao corpo, de que lhes servirá? A fé, sem as boas obras, é morta" (Tg 2,14-17).

Os primeiros homens da Ordem Franciscana eram, por assim dizer, quase revolucionários no seu amor para com os humildes. Inúmeras vezes, cercados de viúvas ou de crianças famintas, entravam pelas grandes casas, pelos ricos estabelecimentos e pelas

---

[2] ANDERMATI, B. C. *Vida de São Francisco*. s.n.t.

tendas de cambistas e, pateticamente, reclamavam, em nome de Deus, a parte dos deserdados. No convento, no campo, na cidade, no meio da multidão, durante as tarefas mais pesadas, oravam sem parar e com alegria. Derramavam de seus corações as águas cristalinas da verdadeira fraternidade, do puro amor. Não raro, nas cidades revoltadas, onde luziam as armas, adiantavam-se, com os peitos descobertos, e resolviam tudo mansamente e estabeleciam a concórdia entre guelfos e gibelinos exaltados.

No apostolado, não temiam o sofrimento. Sofrer, sentir as duras contingências da vida, era-lhes, por certo, motivo de íntima e discreta alegria.

O homem não pode ser insensível ao sofrimento, como queriam os estoicos da antiguidade pagã; como também não pode sofrer por sofrer, deleitando-se com o sofrimento, em manifestação doentia. O sofrimento fecundo só pode ser compreendido à luz da doutrina cristã, em união com o sofrimento de Jesus Cristo. O sofrimento cristão é ouro para a eternidade. Levados pelo amor de Deus, poderemos compreender a riqueza imensa do sofrimento. Peçamos, por conseguinte, sem cessar, em nossas preces, o santo amor, porque nele está nossa felicidade. Quem ama sinceramente a Deus acolhe tudo: momentos bons ou maus, alegria ou tristeza, e, com o coração em festa, caminha para o alto.

São Francisco e seus filhos espirituais amavam intensamente a Deus, com um amor que atravessava o espaço e ia, além das nuvens, florescer na mais alta e perfeita essência. Abrasados do divino amor, recebiam a dor ou o prazer, as homenagens ou as humilhações, e tudo ofereciam serenamente ao Pai eterno.

Penitência

A infância e a mocidade de Francisco de Assis não foram marcadas por pecados ou erros. Jovem alegre e expansivo, amigo dos divertimentos, nunca ofendeu gravemente a Deus Nosso Senhor. Julgou-se, entretanto, depois de iniciado o seu voo para o alto, no dever de fazer penitência. Procurou, assim, reparar culpas que realmente não cometera.

Deus aceitou com certeza suas penitências, mas tão somente para reparar os pecados de outros homens que deveriam ser chamados ao caminho do bem.

Sabemos que o jejum é, entre outras, uma prática de penitência muito antiga. Vem de épocas imemoriáveis. O próprio povo judeu a praticou. A lei mosaica prescrevia a abstinência e o jejum como medidas salutares ao corpo e à alma, tendo-os, principalmente, como meios seguros de expiação.

No alvorecer do cristianismo, o jejum era praticado com rigor. Jesus Cristo, querendo expiar os nossos pecados, jejuou quarenta dias e quarenta noites. Podemos ver a eficácia do jejum pelas palavras do Evangelho quando dizem que há certos demônios que não podem ser expulsos senão por esse meio.

No tempo de São Francisco, como, aliás, nos nossos dias, os maus cristãos não observavam nem a lei da abstinência! Mas os de vida verdadeiramente cristã jejuavam sempre, no cumprimento exato da lei divina. Eles consideravam o jejum ato de penitência necessária, conforme as palavras do Senhor: "Se não fizerdes penitência, perecereis todos do mesmo modo" (Lc 13,3).

A vida de Francisco foi uma contínua, grande e áspera penitência, com a renúncia de todos os prazeres mundanos. Sentia-se, entretanto, feliz, imensamente feliz, com o amor celestial que lhe abrasava o coração. Desprezando o corpo, tudo fazia para submetê-lo docilmente à força do espírito. Sua alma, privilegiada e generosa, desejou sempre subir, sobrepondo-se em todas as ocasiões ao corpo, pobre "irmão asno", muitas vezes duramente castigado, mesmo nas mínimas pretensões. Como o Apóstolo Paulo, ele também foi perfeito penitente, reduzindo o corpo à absoluta servidão. Severíssimo consigo mesmo, alimentava-se de maneira frugal. Dificilmente se servia de alimento delicado ou agradável ao paladar. E jejuava inúmeras vezes no correr do ano, de rosto alegre, mas de maneira discreta, sem nenhuma ostentação, pois tinha em conta a advertência do Mestre:

> E quando jejuais, não vos ponhais tristes como os hipócritas; porque eles desfiguram os seus rostos para fazer ver aos homens que jejuam. Na verdade vos digo que já receberam a sua recompensa. Mas, quando jejuas, unge a tua cabeça, e lava o teu rosto, a fim de que não pareças aos homens que jejuas, mas somente a teu Pai que está presente a tudo o que há de mais secreto, e teu Pai, que vê o que se passa em segredo, te dará a recompensa (Mt 6,16-18).

Os companheiros de Francisco, embora fossem homens admiráveis e de relevantes virtudes, não podiam, contudo, seguir à risca o seu exemplo. E nem ele desejava tal coisa. Não permitia mesmo que seus filhos espirituais fizessem demasiada penitência. Costumava dizer que uma discreta medida deve ser a norma de toda virtude. Pedia-lhes, por isso, que tratassem o corpo de maneira moderada, sem maltratá-lo muito, para que muito ele pudesse fazer no serviço de Deus.

Francisco, dessa forma, sempre prudente, não permitia que seus companheiros fossem levados muito longe, na prática de atos que lhes pudessem prejudicar a saúde. Benigno com todos os seus dirigidos, foi, não raro, de admirável delicadeza, como podemos ver neste original acontecimento. Ainda em Rivo Torto, certa ocasião, bem tarde da noite, um religioso, novato na comunidade, acordou os demais companheiros com altos e alarmantes gritos: "Eu morro! Eu morro!".

O espanto foi geral. Todos despertaram e, assustados, não podiam atinar com o que pudesse ter acontecido. Francisco, com a calma que nunca o abandonava, lhes disse: "Meus irmãos, vamos levantar e acender a nossa lâmpada".

Depois de iluminado o dormitório, aproximou-se do irmão que gemia angustiosamente e perguntou-lhe: "Por que disseste que ias morrer? Que tens, caro irmão, para falar em morrer?". A estas palavras o irmão respondeu: "Eu morro de fome!".

Francisco tranquilizou-o, falando-lhe mansamente. Mandou a seguir que trouxessem algum alimento e sentou-se com ele para a refeição e assim não se envergonhasse de comer sozinho. Convidou os demais religiosos, que também lhe fizeram companhia. Depois, serenamente lhes disse: "Meus irmão, atenda cada um à sua compleição. Alguns de vós podem sustentar-se com menos que os outros. Quem tiver necessidade de maior quantidade de alimento não se julgue, portanto, obrigado a imitar os que comem pouco. Deve cada um conceder ao corpo o alimento que for necessário para que possa trabalhar no serviço do Senhor. Assim como nos devemos guardar de excesso no comer, que evidentemente causaria prejuízo ao corpo e à própria alma, assim também devemos evitar a mortificação que possa reverter em prejuízo da causa divina. Deus quer trabalhos e frutos, e não vítimas inúteis".

Vejamos, ainda, outro ato seu, de comovente delicadeza: Frei Silvestre, durante a convalescença de dura enfermidade, manifestou o desejo de saborear algumas uvas do privilegiado sítio de Rieti. O pai espiritual, sem demora e com muito carinho, fez transportar o convalescente para a sombra de uma bela parreira carregada de cachos e, abençoando as uvas, deu-as ao amigo querido, e delas também comeu.

Mais tarde, Frei Silvestre, com lágrimas de gratidão, fez referência a essa dádiva, que lhe valeu como precioso remédio para o espírito e para o corpo, pois ficou, nesse mesmo dia, com o espírito perfeitamente tranquilo e com o corpo em perfeita saúde.

Incontáveis são os casos de amor e de ternura paternal do incomparável penitente, que, sendo de extrema severidade para consigo, era em geral benevolente para com os seus irmãos, sobretudo para com os pobres e desamparados.

Senhora Pobreza

Não foi longa a permanência dos franciscanos em Rivo Torto. No fim do ano de 1210, transferiram-se definitivamente para a Porciúncula, lugar abençoado e querido, onde Francisco lançara a primeira semente do seu grande ideal.

Por que teriam deixado o "tugúrio" de Rivo Torto? Deixaram-no porque, constantemente, eram procurados por muitos homens do mundo que, atraídos pela vida de pureza dos religiosos, pediam para ser acolhidos na Ordem, o que era impossível em virtude da falta de espaço do local, onde os religiosos mal podiam abrigar-se. Além disso, houve outro motivo muito importante: os religiosos sonhavam ardentemente com uma igreja, pois entre eles se achavam dois sacerdotes. E mesmo porque os outros desejavam participar da santa missa e recitar as horas canônicas. Pareceu-lhes, pois, caída do céu a oferta da pequena igreja de Santa Maria dos Anjos, construída pelos padres beneditinos. Receberam a princípio por empréstimo e depois, em 1212, definitivamente a bela igrejinha restaurada por Francisco por ocasião de sua conversão.

A Porciúncula seria o berço da Ordem Franciscana. Desse recanto maravilhoso e poético, diria o Serafim de Assis: "Verdadeiramente é um santo lugar este, mais digno de anjos que de homens. Eu não quero desprender-me deste local; enquanto me for dado ficar nele, será para mim e para os meus um eterno monumento da bondade divina".

Na Porciúncula, os frades renovaram solenemente os propósitos de inteira pobreza, pois eles bem sabiam que, desapegada, sem espírito de cobiça, a criatura humana facilmente poderá chegar ao Eterno Senhor.

Era a vida de Francisco e de seus companheiros absolutamente simples; seguia à risca as santas palavras do Evangelho.

Tanto nos dias difíceis de Rivo Torto, como agora, agrupados em redor de "Santa Maria dos Anjos", e ainda depois, e sempre, serão os frades menores, pobres, como queria Jesus Cristo que fossem os seus apóstolos.

No alvorecer da Ordem Seráfica, a pobreza era absoluta. O pai espiritual queria que os companheiros trabalhassem e, por suas próprias mãos, conseguir os meios à própria subsistência; e que, se o trabalho não bastasse para o seu sustento, só então recorressem à ajuda de outrem; mas que evitassem sempre coisas inúteis e jamais possuíssem bens de qualquer natureza; que fossem, enfim, livres como as aves do céu, sem corrente alguma que os pudesse prender à terra. E queria mais: que todos se ligassem de maneira indissolúvel à encantadora dama, a Senhora Pobreza. Em Roma, clara foi a visão de Francisco, visão permitida por Deus, a fim de que bem conhecessem os franciscanos o mérito dos que se fazem pobres para serem ricos depois. Viu o Santo, em êxtase, um rei poderoso deixar o magnífico palácio e dirigir-se para longínquo lugar – verdadeiro deserto –, onde encontrou certa mulher pobre, muito pobre, mas de estranha e rara beleza. Desposou-a o soberano; vivendo ao lado da esposa querida, dela teve alguns filhos. Crianças lindas, com marcantes traços paternos, revelavam ainda mais a beleza da mãe, daquela humilde flor do deserto.

Um dia, viu-se o rei na contingência de voltar de novo ao seu reino. A mãe permaneceu na terra de seus irmãos, educando os filhos, ensinando-os a trilhar o reto caminho. Depois de dar-lhes esmerada educação, mandou-os para onde se achava o soberano, dizendo-lhes: "Filhos do meu coração, tomai ânimo:

um grande rei é o vosso pai: ide procurá-lo, e ele dar-vos-á um tesouro de incomparável valia".

Os filhos, moços decididos, dirigiram-se ao imponente palácio em busca da proteção paterna. E foram atendidos pelo poderoso monarca, que os reconheceu e os abraçou com amor e carinho. Com imensa alegria, disse-lhes: "Vós sois, em verdade, meus filhos: não temais; se à minha mesa comem os forasteiros, a ela vos deveis assentar com mais direito, pois sois meus filhos legítimos".

Em seguida, prazerosamente mandou buscar a esposa para o lugar de honra que lhe estava reservado. Ela e os filhos passaram a partilhar daquela vida de grandeza, no meio de perene felicidade.

O sentido dessa visão foi, desde logo, percebido por Francisco. O rei é Deus, o Pai Todo-Poderoso, que desceu do céu para se fazer homem, desposando a Pobreza. Pobre viveu Jesus Cristo, desde o seu nascimento na manjedoura até o dia de sua morte, no Calvário. Depois da ressurreição, o Senhor ascendeu aos céus, voltando a ser o Rei da Glória. No divino Reino, serão recebidos os filhos da terra do exílio, os pobres peregrinos do deserto que levantam os olhos para as alturas do céu e dizem: "Meu Deus e meu tudo".

Francisco de Assis, o pobre dos pobres, desejou ardentemente que todos os cristãos fossem pelo menos espiritualmente pobres, sem egoísmo ou qualquer ambição. Abria as portas da Ordem a ricos e nobres; mostrava-se, todavia, muito cauteloso na admissão daqueles que saíam do mundo do dinheiro e do conforto. Dizem que, certa vez, um grande possuidor de bens, de aparência delicada e de maneiras fidalgas, apresentou-se à Porciúncula, pedindo para ingressar na Ordem, para vestir o pobre hábito franciscano.

O pai espiritual relutou e teve algumas dúvidas, temendo a perseverança do moço acostumado às delicadezas de uma vida fácil. E disse-lhe: "Tu deves refletir seriamente no que pedes. Olha bem: a nossa vida, vida de quem faz voto de pobreza, é sempre dura e muitas vezes penosa".

Essa advertência necessária valia pelo mais prudente aviso. Perigoso seria receber quem não estivesse afeito à mortificação e disposto à renúncia e ao sacrifício. Sensata foi, pois, a advertência do Santo, mas eis a resposta admirável do moço, digno enamorado da Senhora Pobreza: "Meu pai, não tens tu e não têm os teus irmãos a minha mesma natureza? Não sois formados do mesmo limo que eu? Com o auxílio de Deus, espero poder suportar, sem demasiada fadiga, aquilo a que meu próximo se sujeita".

Ao ouvir tais palavras, Francisco abriu-lhe os braços, recebendo-o sem mais vacilar. Revelou-se o jovem sempre firme no caminho da vida religiosa, a todos edificando com o seu saber e santidade.

Francisco recebia pessoas de condição humilde e também homens de letras e estudos. Acolhia os doutores, tendo-os como elementos necessários para a propagação da fé e ensino da doutrina cristã. Julgava mesmo imprescindível o auxílio dos irmãos instruídos que levavam, com a sua palavra sábia, os transviados e heréticos a deixarem o erro e ingressarem na Igreja de Deus.

Humildade e obediência

Entre os primeiros franciscanos, destaca-se Frei Leão. Mostrou-se sempre uma pessoa humilde a toda prova. De leão tinha apenas o nome, pois em tudo era um cordeiro, perfeito cordeirinho do Senhor, por sua mansidão sem igual. Coração generoso, companheiro de todas as horas, esteve nos momentos mais difíceis ao lado do pai seráfico. Nasceu em Viterbo e morreu santamente em Assis, sendo sepultado aos pés do altar dedicado a São Francisco. Os dois, que estiveram sempre juntos em vida, ficaram unidos, também, depois da morte, para a ressurreição final.

Desse franciscano inesquecível contam-se inúmeros fatos, todos belos e edificantes. Muito conhecido é um originalíssimo diálogo de humildade estabelecido entre Francisco de Assis e Frei Leão quando, certa vez, voltavam à Porciúncula, já de madrugada. Caminhavam em silêncio quando à hora das matinas, sem o livro do Ofício, Francisco pediu ao companheiro que desse resposta confirmando sua confissão, ou melhor, suas preces de pecador. Deviam recitar uma espécie de oração alternada. E Francisco começou dizendo a si próprio: "Ó irmão Francisco, tens feito tanto mal neste mundo e cometido tantos pecados, que mereces as punições do inferno".

A resposta deveria ser esta: "Realmente, Francisco; é verdade que tu mereces cair no eterno abismo". Mas o cordeirinho do Senhor respondeu: "Irmão Francisco, Deus fará tanto bem por teu intermédio, que terás, depois, a doce paz do amor no paraíso".

E Francisco, admirado, esclareceu melhor, declarando que de maneira nenhuma desejava ouvir semelhante resposta, que o companheiro devia dizer apenas: "Bem mereces, por tuas grandes faltas o eterno castigo".

Frei Leão declarou haver compreendido e prometeu dar as respostas de acordo com a vontade de Francisco. E recomeçaram o diálogo: "Senhor, Deus do céu e da terra, eu, Francisco, sou o ser mais vil, o pior deste mundo, mereço ser colocado entre os condenados".

E Frei Leão, sem vacilar, imediatamente exclamou: "Irmão Francisco, Deus por ti realizará tão grandes coisas, que serás bem-aventurado entre os grandes santos do céu!".

Maior foi a surpresa do Santo, que voltou a pedir ao companheiro que não respondesse de tal maneira, mas confirmasse, unicamente, as suas palavras; e prosseguiu, com lágrimas nos olhos: "Tenho sido miserável; como posso crer que Deus tenha piedade de mim, se tenho cometido tantos pecados contra o Pai da piedade e o Deus da misericórdia?".

A resposta que Frei Leão deveria dar, conforme o desejo do pai espiritual, seria esta: "Na verdade, jamais poderás encontrar o divino perdão". Contudo, a voz de Frei Leão se fez ouvir assim: "Irmão Francisco, Deus, cuja compaixão é infinita, terá misericórdia de ti e conceder-te-á grandes e inesgotáveis graças".

Ao ouvir tais palavras, Francisco, visivelmente contrariado, pediu a Frei Leão que se lembrasse do dever da obediência, pois aquilo era uma ordem a ser cumprida. E continuaram a caminhar já quase ao surgir da aurora, festivamente saudados pela música dos pássaros, que despertavam para a vida de um novo dia. E Francisco fala, num lamento: "Infeliz e miserável pecador sou eu, como poderá Deus ter misericórdia de mim?". "Irmão

Francisco, receberás de Deus as maiores graças; ele exaltar-te-á, e por toda a eternidade serás glorificado, pois tu te humilhaste na terra, e engrandecido serás no céu." E acrescentou, em pranto: "Não pude obedecer-te. Outra coisa não conseguia dizer, senão o contrário do que desejavas. Mas fica certo, irmão Francisco: o Senhor falava pela minha boca!".

Ambos se calaram naquela madrugada radiosa ao ouvir alegres sinos invisíveis repicarem ao longe. São Francisco abraçou e beijou o confidente querido, e com os corações unidos louvaram com fervor a Deus ante o nascer do sol.

Frei Leão, sem tristeza, não pôde obedecer a São Francisco, porque Deus Nosso Senhor não o permitiu. Só por isso não obedeceu. Abria a boca para dizer uma coisa e expressava justamente o contrário. Se fosse a vontade divina, teria obedecido, pois ele bem sabia da grandeza dessa virtude que se chama obediência. Dela muitas vezes falara o pai seráfico. No rústico cordão que lhe cingia o corpo, estavam os três nós, símbolos da pobreza, da obediência e da castidade. Três sublimes virtudes cristãs bem franciscanas.

A obediência, que está em terreno diametralmente oposto ao do servilismo ou da escravidão, engrandece o homem, incitando-o a "um sacrifício consciente, fecundo de harmonia, de ordem e de solidariedade". Ela é uma grande demonstração da liberdade humana. São Francisco desejou ardentemente que seus filhos espirituais fossem pessoas que conhecessem, perfeitamente, essa grande virtude.

Ele sabia obedecer. Mostrou-se obediente à voz que lhe falou da grandeza da renúncia e ainda muito obediente ao apelo do crucifixo de São Damião. Num dos seus escritos, leva tão longe essa virtude, que chega a dizer: "Pegai num cadáver e fazei dele o que quiserdes. Não oporá resistência, não procurará mudar de posição, nem desejará ir-se embora. Colocado num trono, não olhará para cima, mas para baixo. Vestido de púrpura, não se envaidecerá. Assim deve ser o perfeito obediente: não pergunta por que se manda, não se inquieta por saber até onde vai chegar, nem se esforça por livrar-se do cargo. As honras aumentam-lhe a humildade e, quanto mais o louvam, mais mesquinho vê a si mesmo".

A obediência é irmã da humildade. E é certo que, sem a verdadeira humildade, nada de bom e de alto poderá ser feito na vida presente. Para as grandes realizações, o homem será sempre instrumento da Divina Providência.

Segunda ordem

Rufino de Assis, da família do conde de Sasso Rosso, portou-se sempre como perfeito religioso. Abandonou todo o conforto do mundo para ingressar numa vida de humildade, vida verdadeiramente feliz.

Vida feliz? Sim, feliz, pois a vida do homem humilde é a vida eterna, que será de felicidade completa depois da morte, mas que se inicia neste mundo. Diz São João Evangelista: "A vida eterna consiste em conhecer o Pai Eterno e o seu enviado, Nosso Senhor Jesus Cristo".

Quem conhece e ama a Deus já neste mundo é feliz, pois aqui inicia a vida eterna de paz interior, que é o prenúncio da glória sem fim.

Certa vez, o penitente de Assis, o suave e paciente Francisco, pôs à prova a humildade de Frei Rufino, antigo cavaleiro da Úmbria. Chamou-o e disse-lhe: "É preciso que tu faças um sermão hoje na igreja de São Jorge. E para lá irás a pé e sem hábito, quase nu. E nessas condições, despido de tua pobre túnica, subirás ao púlpito".

O bom religioso ficou pensativo. Não parecia compreender muito bem aquela estranha ordem. Mas, depois de um momento, iluminou-se-lhe o rosto. Sem mais vacilações se despiu. E somente de calças (grosseiro calção que mal chegava até os joelhos) cumpriu a ordem recebida de seu amado superior. Grandes foram as vaias, nas ruas, à passagem do frade. Na igreja, o espanto foi enorme.

Frei Rufino falou aos fiéis, mas seu discurso, confuso e incerto, ainda mais estranheza causou a todos. Em dado momento, perturbado, afirmou que o bem levaria o homem à perdição. Por ocasião dessa original prática, Francisco já se achava na igreja, também sem hábito, com o dorso nu, procurando passar por humilhação igual à do companheiro.

Depois de Rufino, dirigiu-se ele aos fiéis. Explicou a atitude de seu filho espiritual, salientando então a sua obediência e humildade. Mostrou que o bem mundano, o falso bem, leva realmente o homem à perdição. Referiu-se em seguida à virtude da obediência e falou da penitência e da pobreza como coisas necessárias para uma perfeita elevação do espírito. Lembrou a nudez de Jesus Cristo na cruz e suas humilhações durante a paixão, para pedir a todos que trilhassem corajosamente o caminho da cruz, que é o verdadeiro caminho do céu.

As palavras do penitente eram ouvidas atentamente e ninguém mais reparava no seu busto seminu, que emergia do púlpito, pois o acento de sua voz calava fundo em todos os participantes. E na igreja, naquela dramática ocasião, achava-se presente uma das mais nobres donzelas de Assis, destinada a tornar-se a flor mais pura da santidade franciscana. Clara, jovem inteligente e bela, ouvira, enlevada, a oração proferida por Francisco Bernardone.

Muita gente pensa que São Francisco foi um sonhador de irrealizáveis perfeições. Entretanto, o Santo, homem de admirável espírito prático, executou trabalhos notáveis. A Ordem dos Frades Menores, que fundou logo no início de sua atividade, testemunha muito bem seu espírito realizador. Obra de alicerce firme, tão firme que permanece de maneira inalteravelmente sólida com o correr dos séculos. Os frades franciscanos estão espalhados por toda parte, em todos os quadrantes da terra. Mas São Francisco fundou ainda outras duas grandes Ordens.

A segunda Ordem, a das Pobres Damas, surgiu em 1212, destinada às mulheres que desejassem deixar o mundo, para uma dedicação exclusiva a Deus Nosso Senhor, numa vida de real e santa pobreza.

Dessa Ordem foi figura central Clara de Assis. A mesma Clara que ouvira Francisco falar na igreja de São Jorge, em circunstância verdadeiramente original. Moça formosíssima, pertencente à mais alta aristocracia de sua terra, deixou de lado as honras e os bens do mundo, deslumbrada pela luz seráfica que irradiava daquele ser privilegiado. Nesse homem, chama viva do amor de Deus, ela entreviu, desde logo, a luz para iluminar-lhe o caminho das alturas. Não se pode falar da Ordem segunda, que hoje é conhecida por Ordem das Clarissas, sem se falar de Santa Clara, cuja vida foi um hino comovido que se fez ouvir no céu.

Clara de Assis! Encantadora figura! Nobre por nascimento, mais nobre ainda pelas suas qualidades de caráter e de coração! Em 1211, aos dezoito anos, é vista por seus conterrâneos como um anjo descido das alturas. Ricamente vestida, coberta de joias, é por todos admirada. Era elegante e de elevada estatura. Seu aspecto, gracioso. Tinha rosto oval, tez alva e finamente acetinada. Seus cabelos eram louros e lindos. Olhos azuis, da cor do céu das manhãs de maio. Suas palavras, gestos, sorriso e porte airoso deixavam transparecer a nobreza de seus delicados sentimentos.

Clara, a encantadora moça de Assis, de estirpe patrícia, seria estrela de primeira grandeza, não entre as criaturas do mundo, que ansiosas a esperavam, mas suspensa pela mão de Deus no firmamento seráfico.

Os santos não nasceram santos. A santidade é alcançada em lutas incessantes contra as paixões e as más inclinações. Cada um de nós tem em si tendências perigosas que facilmente podem levar ao pecado. O mérito está na luta e na resistência que se oferece ao mal, que muitas vezes vem disfarçado, de maneira sutil e enganadora.

Clara teve de, corajosamente, combater não só contra o mundo, mas também contra si própria, contra certas inclinações que poderiam levá-la para longe de Deus. Ela tudo fez para manter em seu coração o divino amor, assim caminhando em busca do bem e da perfeição. Dizia muito feliz: "Imitar Jesus, Jesus crucificado, será a minha lei; e também toda a minha felicidade".

Teve uma juventude maravilhosa. E foi ainda mais feliz depois, na vida religiosa, numa correspondência plena à graça de Deus. Ela alcançou a santidade por seu trabalho ardoroso e incessante.

Santa Clara

A vida de Santa Clara está de tal maneira ligada à de São Francisco, que não se pode falar do Santo de Assis sem uma referência mais demorada à sua grande discípula.

Clara nasceu em Assis a 11 de julho de 1194. Favorino, seu pai, o conde de Sasso Rosso, era neto de Offreduccio de Bernardino, da família Schifi, de altos brasões. Sua mãe, Ortolana, mulher de fé robusta, pertencia à nobre família Fiume.

Favorino e Ortolana habitavam o palácio mais rico da cidade. Ainda hoje, em Assis, junto da Porta Vecchia, podem ser vistos os restos da suntuosa habitação.

Ortolana foi mãe de cinco filhos. O mais velho, do sexo masculino, recebeu o nome de Boso. Os outros todos foram do sexo feminino. A mais velha das filhas, Ferrenda, casou-se e deixou descendência. Deu mais tarde à segunda Ordem Franciscana duas filhas, Amata e Balbina, modelos de virtude e santidade.

Clara, que foi "clara no nome, mais clara na vida e claríssima pelos costumes", abriu caminho para que suas irmãs Inês e Beatriz pudessem chegar ao cume da vida espiritual.

A mãe, senhora de excelentes virtudes, também subiu, pelas mãos de sua filha dileta, os degraus da perfeição cristã.

O autor de *A divina comédia* disse que a predestinada filha de Ortolana parecia descida do céu para mostrar um milagre à terra. Realmente, Clara será para Francisco assim como um anjo tutelar, uma colaboradora preciosa, uma forte coluna para a colossal obra franciscana.

Dizem que, certa vez, ainda muito jovem, ela, de cabelos claros e longos, saiu, em manhã de inverno, para uma pequena excursão, um agradável passeio pelos arredores da cidade. No sopé do monte Subásio, encontrou um frade. Era Francisco de Assis. Emocionada, beijou-lhe as mãos. Ávida e toda trêmula, ouviu-lhe depois as palavras. Conversaram agradavelmente e falaram da beleza do universo, que canta as glórias do Criador. E falaram também da beleza infinita de Deus. Juntos, repetiram que "o Senhor é a beleza ante a qual toda a beleza empalidece; e toda a grandeza se esvai diante do seu poder; e todas as delícias em nada são comparadas com o seu amor".

Ao despedir-se do frade, a mocinha ousou perguntar-lhe: "Pai, quando nos tornaremos a ver?". "Quando as árvores se cobrirem de flores" – respondeu Francisco, sorrindo.

Deram alguns passos, cada um seguindo o seu caminho. E eis que, de repente, a voz argentina de Clara se fez ouvir: "Pai! Pai!".

Volta-se o frade e, cheio de espanto, vê os arbustos à margem do caminho cobertos de flores. E desde esse momento não mais se separaram, pois, espiritualmente unidos pelo amor de Deus, daí por diante estariam em constante união de orações para o divino apostolado.

Depois, ao entrar da primavera, quando todas as flores abriam-se aos raios do sol, em 1212, na Porciúncula, apareceu a nova Ordem, que seria pedra angular da imensa realização dada ao mundo pelo Santo de Assis. E apareceu com a atitude imprevista e corajosa de Clara, que deixou a casa de seus pais, em noite memorável, para, na capela humilde de Santa Maria dos Anjos, diante do altar de Deus, receber das mãos de Francisco as insígnias de Dama da Pobreza. A cerimônia foi uma das mais lindas que se possam imaginar. Ao pé do altar caíram, como inúteis coisas mortas, as riquíssimas vestes da formosa donzela. Seus adornos refulgentes foram postos de lado para que apenas sua figura, nimbada de luz, surgisse como flor esplêndida da árvore seráfica. E o poeta Joinvile Barcelos, ao falar desta cena, diz que a jovem

> das ricas vestes se descobre.
> Livram-se os dedos dos anéis,
> depois, ressurge, humilde e pobre,
> alheia às pompas e aos lauréis.

Como Francisco, ela sentiu o amor de Deus. E, para subir, quis humilhar-se. Para enriquecer-se, desejou renunciar. Para mandar, ela se propôs a obedecer.

Nossa Senhora, a Mãe Santíssima, foi pobre. Clara de Assis desejou imitar a Virgem de Nazaré e, por isso, abriu mão de tudo para ser pobre, verdadeiramente pobre na vida terrena. Nos degraus do altar, recebeu ela, com humildade, o rústico hábito franciscano e o cordão que lhe cingiu a cintura. Francisco, ele próprio, cortou-lhe as tranças, as lindas e formosas tranças, substituindo-as pelo véu de irmã penitente; véu branco por dentro, para significar a pureza; preto por fora, para mostrar o inteiro abandono do mundo. Ela, com a felicidade no coração, cheia de júbilo e emocionada, prestou juramento de obediência, pobreza e castidade, elementos principais da vida religiosa a que, no momento, se votava. E com essa cerimônia da primeira profissão, ficou lançada a pedra inicial do edifício da segunda Ordem seráfica.

Depois disso, Clara foi levada para o convento das irmãs beneditinas e ali permaneceu corajosa e resistente a todas as solicitações, a todas as súplicas e ameaças da família, que não queria conformar-se com aquela ausência que lhe parecia sem razão, pura loucura. Entretanto, outro acontecimento surgiu, causando à família do conde de Sasso Rosso maior espanto e grande indignação.

Decorridos alguns meses da partida de Clara, sentindo pungente saudade da irmã querida e percebendo de maneira bem nítida o chamado divino, Inês fugiu da casa paterna para o convento das beneditinas para entregar-se também à causa de Deus, ao lado de sua irmã e mestra.

Impressionantes são os episódios que se seguiram. Monaldo, irmão do conde, abrasado em ira, tudo fez para retirar a pequena e delicada Inês do convento. Mas sua violência foi em vão. Tudo inútil. Era vontade de Deus que aquelas duas almas se transformassem em sementes de uma grande e frondosa árvore.

Assim, as duas irmãs, Clara e Inês, sementes preciosas de um grande ideal, foram removidas para São Damião. O bispo de Assis, amigo e protetor de Francisco, cedeu a velha igreja, a casa e um pequeno terreno para a instalação do primeiro convento da segunda Ordem, a Ordem das Pobres Damas, que mais tarde seria chamada também de Ordem das Clarissas.

São Damião

São Damião é marco luminoso da segunda Ordem, dessa Ordem admirável que, no correr dos séculos, deu ao mundo frutos de profunda piedade, exemplos de santidade e heroísmo que enaltecem as páginas do franciscanismo universal. Em São Damião, lugar santificado pela aparição de Cristo, pelo suor e pela oração de Francisco, ficou a doce Clara em 1212. E a seu lado estiveram, desde o início, sua irmã Inês e outras mulheres corajosas, que constituíram o núcleo inicial das Pobres Damas.

Alguns anos depois do falecimento do conde de Sasso Rosso, Ortolana, com o amor no coração, dirigiu-se para o convento das damianitas e teve sua querida filha como mãe. Beatriz, a mais nova das irmãs, também renunciou, com muita alegria, aos bens do mundo e feliz integrou-se na vida de sua mãe e de suas irmãs.

É bem verdade que a intensa fé religiosa de Clara a levara a separar-se da família, mas Deus, como que para recompensá-la pelo sacrifício que fizera, levou-lhe depois a família ao seu mosteiro para ela a guiar no caminho do céu.

Clara foi, naturalmente, a primeira abadessa daquele modelar convento, onde a pobreza, a bem amada pobreza, era a todo instante desejada e abençoada. Anos de paz e de amor viveram as damianitas sob a direção daquela diretora prudente e carinhosa. São Damião, convento pobre e desconfortável, tornara-se um lugar de paz e alegria. Não era uma prisão, um cárcere escuro, mas sim "um recanto privilegiado da terra, onde se reproduzia fielmente a vida dos anjos no céu".

Deus é amor. Clara de Assis e suas companheiras viviam com Deus, tendo-o bem no íntimo do coração. Mesmo sem as consolações terrenas, eram riquíssimas de bens espirituais:

> possuíam o amor, que tudo embeleza e dulcifica, o espírito de sacrifício que se compraz na abnegação da vontade própria, a caridade fraterna, que só cuida em ser útil e agradável aos outros, e gozavam da paz interior, que é o fruto mais saboroso da pureza e simplicidade do coração.[1]

A princípio, no convento não havia clausura completa. As irmãs não podiam receber dinheiro, podiam aceitar o que a caridade lhes desse em alimento ou roupa. Deviam trabalhar, nada possuir, viver de esmolas, consumir o indispensável e auxiliar quem não pudesse trabalhar.

Clara, antiga fidalga, de alta nobreza, agora abadessa de São Damião, continuava a manter as mesmas finas maneiras, sempre nobre em todas as suas atitudes. A humildade cristã, que lhe assentava tão bem, nunca a fez perder os modos distintos de outrora. Dirigindo suas filhas, desvelava-se sempre. E desvelava-se principalmente pelas mais humildes.

As irmãs leigas saíam muitas vezes de porta em porta, pelos lugares mais distantes, a pedir algum alimento para as habitantes do convento. Ao chegarem de volta, recebiam carinhosa recepção. E seus pés eram lavados pela própria abadessa. Conta-se que, certa vez, uma estabanada irmã, num movimento brusco, ao erguer o pé da bacia, bateu violentamente no rosto de Clara, que ficou ferida nos lábios. Ela, porém, altiva descendente de guerreiros, não se sentiu ofendida e prosseguiu na tarefa humilde de lavar aqueles pés, que, sempre descalços, percorriam as estradas de Assis.

---

[1] TEIXEIRA, F. Gomes. *Santa Clara*. s.n.t.

Em São Damião, as damianitas trabalhavam e oravam sem cessar, numa perfeita união com Deus Nosso Senhor.

São Francisco, em suas peregrinações e no seu incessante trabalho, afastava-se por longo tempo das queridas filhas espirituais. Clara manifestou, em certa ocasião, desejo de rever o pai espiritual e de com ele fazer uma refeição. E o seu desejo foi satisfeito.

Marcaram a data para isso. Seria o maior acontecimento para a vida de Clara. E, tendo chegado o dia combinado, saiu ela do seu mosteiro em companhia de algumas irmãs e dirigiu-se para a Porciúncula, onde São Francisco já se achava com outros irmãos para a extraordinária refeição. O poeta Augusto de Lima faz referência a esse fato, dizendo que

> antes da refeição, de pé, de mãos postas,
> Clara e suas irmãs, Francisco e seus irmãos,
> em oração mental, silenciosos ficam.
> Francisco benze os pães, e os pães se multiplicam.
> E levantando ao céu o embevecido olhar,
> num transporte de amor, começou a falar:
> "Senhor Deus, recebei, das eternas alturas,
> o humilde coração de vossas criaturas,
> reunidas aqui só pelo vosso amor.
> Que o vosso reino venha a nós, Pai e Senhor,
> e aos vossos filhos dai o pão de cada dia".
> E, enquanto assim falava, angélica harmonia
> foi-lhe envolvendo a voz. Braços no peito em cruz,
> Francisco recebeu na fronte etérea luz.
> Numa ânsia de esperança as almas ascenderam
> e no incêndio da fé os corações arderam.
> Absortos na visão, mudos erguem as mãos
> Clara e suas irmãs, Francisco e seus irmãos.

O encontro foi memorável. Poetas e escritores de todos os tempos descrevem-no, pois estranho fato aconteceu então: os habitantes de Assis viram um incêndio na Porciúncula, com chamas vivas que subiam para o céu. Todos correram para o local e lá, espantados, nada perceberam: viram apenas a reunião de Santa Clara e suas irmãs e de alguns religiosos franciscanos em torno do pai seráfico, em ágape singelo e feliz. O amor de Deus era ali tão intenso, que subia ao céu à maneira de fogo. Eram chamas, labaredas vivas da mais alta e sublime fé que saíam daquelas almas dirigindo-se às alturas.

Oxalá o nosso amor fosse tão ardente assim e pudesse também subir ao céu em demonstração de fé verdadeira e pura!

A vida de Santa Clara foi em tudo admirável. Alguém afirmou que a vida de São Francisco equipara-se a um poema sublime, e a vida de Clara de Assis é um episódio suavemente lírico nesse poema. Não se pode mesmo falar de um sem se falar do outro. Nascidos na mesma cidade, batizados na mesma igreja, unidos pelo mesmo ideal do amor de Deus, fizeram imperecível apostolado.

Clara viveu em São Damião durante quarenta e um anos. E quantos e maravilhosos episódios no decorrer desses longos anos de vida de incomparável santidade! Dentre eles, o maior sem dúvida foi a derrota dos sarracenos pela santíssima hóstia, heroicamente levada pelas suas puríssimas mãos.

No dia 12 de agosto de 1253, entregou sua alma, linda e perfeita, ao Divino Criador. Eis as suas últimas palavras: "Vai em paz, porque tens guia seguro para te ensinar o caminho. Parte sem receio, porque aquele que te criou ao mesmo tempo te santificou e te amou com a ternura da mãe para o filho único. Bendito sejas, meu Deus, que me criaste; bendito sejas por todo o sempre!".

E como lhe perguntassem a quem falava, acrescentou ainda: "Falo à minha alma bendita e a seu glorioso guia".

Santa Clara foi canonizada dois anos depois de sua entrada no céu, em 1255, pelo Papa Alexandre IV.

Irmão Lobo

O Santo de Assis amou Deus por meio até mesmo dos seres irracionais. Em cada um deles, divisava a grandeza, a magnificência do Divino Criador. Qualquer coisa, por mais insignificante que fosse, merecia-lhe amor e desvelo.

Em certo dia de sol, caminhava alegremente, admirando as árvores e as flores.

Nisto curva a cabeça, estende a mão sagrada
e murmura, afastando uma lesma da estrada:
poder-te-iam pisar, minha pobre irmã lesma![1]

Chamava a todos de irmãos. Dizia à cigarra: "Canta irmãzinha, e com o teu canto estrídulo louva ao eterno Senhor". Ele ajudava as abelhas, dando-lhes água e mel por ocasião do rigoroso inverno da Úmbria, quando não mais existiam flores para encanto dos olhos humanos e vida das abelhinhas de Deus.

Certa vez, ao partir para a travessia do lago de Rieti, ofereceram-lhe um peixe como presente para sua próxima refeição. Ele agradeceu, mas humildemente pediu licença para dar liberdade ao pobrezinho e lançou-o na água de novo. O peixe, agradecido, por longo tempo acompanhou seu barco. Trouxeram-lhe, em outra ocasião, uma linda lebre. O pobre animal, todo trêmulo, aconchegou-se em seu colo. Então ele, tirando o laço que o prendia, deu-lhe, mais satisfeito ainda, a liberdade.

---

[1] MORAIS, Durval de. *Lira Franciscana*. s.n.t.

Em Alviano, perto de Temi, as andorinhas irrequietas faziam muito ruído, num trissar incessante. Francisco precisava pregar a doutrina cristã aos homens na praça pública. Dirigindo-se primeiro aos passarinhos, interrompeu-os: "Irmãs andorinhas, vós já falastes bastante; agora é tempo de que fale eu; ficai, pois, em silêncio, a ouvir a Palavra de Deus, até que eu acabe de pregar". Elas, obedientes, não se retiraram em revoada para as alturas, mas permaneceram quietas, como que embevecidas, dominadas por estranho e sublime poder.

Em um dia de primavera, em caminhada à margem de um grande rio, no começo de sua vida religiosa, foi Francisco agradavelmente derrotado por um rouxinol. Dá-nos notícia desse original torneio Martins Fontes:

> Um rouxinol cantava. Alegremente,
> quis São Francisco, no frutal sombrio,
> acompanhar o pássaro contente,
> e começa a cantar, ao desafio.

> E cantavam os dois, junto à corrente
> do Arno sonoro, do lendário rio.
> Mas São Francisco, exausto, finalmente
> parou, tendo cantado horas a fio.

> E o rouxinol lá prosseguiu cantando,
> redobrando as constantes cantilenas,
> os trilados festivos redobrando.

> E o Santo assim reflete, satisfeito,
> que feito foi para escutar, apenas;
> e o rouxinol para cantar foi feito.

O Santo perdeu o originalíssimo desafio e de bom grado proclamou a vitória do pássaro cantor, voltando a cantar somente diante das criaturas humanas para enaltecer as obras da natureza e a grandeza infinita do seu Criador.

Narram os escritores e os poetas a troca que ele fez de uma túnica por um cordeiro. Ganhara de presente, para cobrir os ombros e o esguio corpo nos dias de frio intenso, um manto de rico tecido, larga roda e alto capucho. Mas em certo lugar, pouco distante de Assis, levando a capa sobre o remendado burel, encontrou um homem de aspecto rude e sombrio que levava um cordeirinho para o matadouro. O encontro foi rápido, mas a comoção de Francisco manifestou-se instantaneamente em face da triste situação do pobre animalzinho, que, assustado, todo trêmulo, nem podia balir. Lembrou-se com ternura de Jesus Cristo, o homem-Deus, infinitamente bom, que na terra quis ser o exemplo da paciência e da mansidão e que desejou ser chamado o "Cordeiro de Deus". Sem vacilar, deu a capa ao ríspido camponês, levando para a cidade o cordeirinho, dando-o, depois, às Irmãs de São Severino, que alegremente o receberam e o curaram e com sua lã fizeram um hábito para o Santo. Esse hábito passou pelas mãos dos religiosos que o beijaram com respeito em recordação do comovente episódio.

O caso mais extraordinário com relação aos animais, aliás, de conhecimento universal, é o do lobo de Gúbio.

Conta-nos o Padre Cherancé que a pequena cidade de Gúbio, na Úmbria, ao norte de Assis, na rampa escarpada dos Apeninos, à entrada das gargantas rochosas do Monte Calvo, tremia ante um lobo ferocíssimo que assolava todos os recantos da região. Os homens viviam apavorados com a fera, que devorava não só os animais, mas atacava também eles próprios. Compadecido e mesmo alarmado com essa situação, o Santo resolveu procurar o animal. E deu-se uma coisa admirável, verdadeiramente prodigiosa: a fera saiu dos penhascos e veio ao encontro do homem de Deus, fazendo-se, ao vê-lo, mansa como um cordeiro, deitando-se-lhe aos pés. Francisco falou assim: "Irmão lobo, em nome de Cristo, não faças mal nem a mim, nem a ninguém. Até aqui a tua vida tem sido abominável, pois mataste muitas criaturas. Tu bem mereces morrer como ladrão e homicida. Toda esta terra tem horror de ti. Mas eu quero, irmão lobo, fazer as pazes entre ti e os homens. E como sei que tens cometido todos os males pela fome, venho prometer-te alimento; todos te darão carne, desde que sejas pacífico e bom. Irás de casa em casa sem que faças mal algum a ninguém".

O lobo, inclinando a enorme cabeça, fez evidente sinal de que aceitava a proposta. E, mansamente, acompanhou Francisco à cidade. Ali, diante da multidão reunida, o Pobrezinho disse: "Deus permitiu este flagelo por causa de muitos pecados, mas atendei bem: mais perigosa é a chama do inferno do que a fúria deste lobo que não pode matar senão o corpo. Portanto, caríssimos, voltai a Deus, e fazei digna penitência, vivendo como homens de honra; e Deus livrar-vos-á do lobo no tempo presente e do fogo infernal na vida futura. O irmão lobo, que está aqui diante de vós, prometeu-me fazer a paz convosco e não vos ofender mais em coisa nenhuma; prometei-lhe vós dar-lhe, todos os dias, o necessário para o seu sustento".

O povo todo, cheio de júbilo, jurou tratar o lobo daí por diante como a um cão bom e fiel. O lobo, por sua vez, com o movimento da cauda, renovou o propósito de verdadeira paz.

Dizem que esse animal, outrora tão feroz, viveu ainda alguns anos, mansamente, na cidade de Gúbio, afirmando mesmo o poeta Ruben Dario que:

Andava pela rua,
à luz do sol e à luz da lua,
nas vivendas lhe davam sempre algo
de comer, como a um manso e pobre galgo.

E depois morreu de velhice. Mas, enquanto viveu, foi um perfeito atestado da santidade de Francisco, do bom e suave Francisco de Assis, que em sua vida nunca desejou outra coisa senão a paz, a doce paz, entre todos, mesmo entre os homens e os animais.

Missionário

A palavra "missionário" quer dizer "enviado". Os primeiros missionários foram os apóstolos, enviados legítimos de Jesus Cristo Nosso Senhor a todos os homens da terra. São Pedro levou a fé cristã aos pagãos de Roma e Antioquia. São Paulo foi o grande e incomparável missionário que organizou numerosas igrejas na Ásia, na Macedônia e na Grécia. A exemplo dos primeiros apóstolos, os seus sucessores sempre procuraram evangelizar os povos de todas as partes do mundo.

Francisco foi um perfeito enviado do Senhor para pregar o Evangelho. Seguindo o exemplo dos apóstolos, que disseminaram a lei de Deus entre os pagãos e gentios, ele levou a Palavra divina a todos os que se achavam no caminho do erro e do pecado. Não achou suficiente percorrer as estradas da Itália em missão de paz e de amor. Fez mais: com alguns dos seus dedicados companheiros, dirigiu-se à França, à Alemanha e à Espanha, maravilhando esses países com sua caridade e seu exemplo vivificante. Quis combater os heréticos e ímpios, e realmente os combateu, mas não com armas; jamais usou lança ou espada. Suas mãos puras e santas não esgrimiram para ferir ou matar. Foram feitas apenas para benzer, para fazer o bem, para curar feridas e distribuir esmolas. Combatia com a boa ação, lutou sempre pelo bem.

Pregador perfeito e grande, quis levar o Evangelho aos sarracenos. Desejou dar a seus companheiros o exemplo da cruzada da penitência e do martírio. Em outubro de 1212, resolveu embarcar para a Síria, deixando Pedro de Catani em seu lugar. Uma tempestade, porém, fez com que o navio encalhasse nas costas da Eslavônia. Obrigado a voltar, por misteriosa circunstância, Francisco recomeçou seu apostolado nas terras da península.

No ano seguinte, 1213, o Santo pensou em levar a doutrina cristã ao território africano, dominado pelos mouros, passando pelo sul da Espanha, ainda sob o domínio árabe. Com a aprovação e bênção da Sé Apostólica, saiu de Roma com diversos companheiros, numa caminhada verdadeiramente heroica. Os frades viajaram pelo continente europeu, semeando por toda parte a Palavra de Deus. Em terras espanholas, visitaram o santuário de Santiago de Compostela, o mais venerado na Idade Média, depois de o de Roma e o de Jerusalém. Francisco não pôde, contudo, chegar a Portugal, onde desejava ele próprio lançar a semente franciscana. Adoeceu gravemente e teve de regressar de maneira penosa. Seus companheiros prosseguiram a viagem. Da Espanha, passaram para as terras lusitanas, onde se sentiram felizes, pois ali fizeram reviver a sublime doutrina de Jesus.

Francisco voltou à Itália e, no meio de seus árduos trabalhos, pediu a Deus pelos irmãos que se achavam naqueles lugares distantes. Até o ano de 1219, permaneceu em território italiano, trabalhando intensamente e fazendo algumas viagens aos países vizinhos, não só para pregar o Evangelho, como também para consolidar a situação de sua Ordem.

No mês de julho daquele ano de 1219, partiu para o Egito. E, nesse mesmo ano, partiram também seis frades destemidos para as missões, tomando rumo diferente, pois desejavam chegar a Marrocos, passando pela península ibérica. O chefe deste grupo, Frei Vital, prudente e santo, tinha no coração privilegiado o amor de Deus e do próximo. Não conseguiu, contudo, atingir o objetivo da difícil viagem, pois adoeceu em terras francesas, e teve de regressar algum tempo depois, sem atingir a desejada meta. Mas os outros cinco jovens, inflamados de ideal, prosseguiram viagem, que foi áspera e longa. Eram eles: Bernardo, Pedro, Adiuto, Oto e Acúrsio. Quando chegaram a Portugal, agradeceram ao rei dom Afonso o decidido apoio dado aos humildes companheiros que se achavam, desde 1213, em Coimbra. Mas eles não permaneceram em terras portuguesas. Retrocederam um pouco, dirigindo-se a Alenquer, onde trocaram o hábito monástico pela roupa secular, porque lhes teria sido impossível, vestidos de monges, entrar em território mouro. Em Sevilha, ocupada pelos sarracenos, conseguiram vestir novamente o santo hábito e pregaram corajosamente a doutrina cristã aos agressivos habitantes da cidade. Espancados e maltratados, estiveram próximos do martírio. Não foram mortos porque o chefe dos mouros os entregou a dom Pedro de Portugal, irmão do rei dom Afonso II. Eles insistentemente pediram a dom Pedro que os conduzisse em direção a Marrocos. Em terras africanas, falaram do Evangelho, pregando a Palavra de Jesus Cristo Nosso Senhor. Depois de penoso trabalho e de admirável apostolado, caíram os heroicos religiosos nas mãos de Abud Jacoub, o famoso Miramolim, que tudo fez para que eles renegassem sua fé. Apresentou-lhes formosas mulheres e deu-lhes dinheiro em grande quantidade, dizendo: "Se seguirdes a lei de Maomé, eu vos dou estas mulheres, e tereis enormes riquezas, honras e grande poder em meu reino; se não o fizerdes, morrereis à espada". "Nem mulheres nem ouro" – responderam –, "essas coisas toma-as para ti; a nossa herança única é Jesus Cristo. Faze-nos sofrer todos os suplícios, e a própria morte; todo tormento nos parecerá leve, se pensarmos na glória eterna".

Ante essa resposta, eles foram submetidos a cruéis padecimentos; depois, o próprio sultão, cheio de ódio, desembainhando a cimitarra, decepou-lhes as cabeças. Deu-se isso a 16 de janeiro de 1220. Nesse dia, em Portugal, a princesa Sancha, criatura verdadeiramente boa e pura, em sublime visão, teve a felicidade imensa de contemplar as almas dos mártires quando subiam, triunfantes, para a glória dos céus.

Bernardo, Pedro, Oto, Adiuto e Acúrsio, os três primeiros sacerdotes do Altíssimo e os outros dois irmãos leigos, homens de grande mérito, foram os primeiros mártires da família franciscana. Mártires porque morreram para não renegar a fé em Jesus Cristo. E é bem certo que o martírio, a certas luzes, é o ato da máxima perfeição.

Os missionários de Marrocos, esses admiráveis franciscanos, foram glorificados por Deus. E receberam as honras dos altares; pois foram canonizados pelo Papa Sixto IV em 1481.

Missão no Oriente

Francisco de Assis deixou a Porciúncula em 1219 para realizar difícil missão no Oriente. Muitos de seus discípulos o acompanharam até o porto de Ancona, na esperança de serem escolhidos. Entretanto, apenas doze franciscanos puderam seguir. A seleção foi feita de modo interessante e original. Francisco sabia que não era vontade do Senhor que todos empreendessem aquela jornada. Não desejando causar mágoa aos que ficassem, resolveu confiar a escolha de seus companheiros a um menino que se achava a bordo. E disse: "Deus muitas vezes tem dignado manifestar a sua vontade pela boca de inocentes crianças, e eu não duvido de que ele o faça também agora". Em seguida, perguntou à criança se era da divina vontade que todos aqueles irmãos o acompanhassem. A resposta foi negativa. O pequeno, de maneira surpreendente e desembaraçada, tocou com suas mãos naqueles que deveriam colocar-se ao lado do pai espiritual, chamando-os pelo nome. E todos ficaram contentes, vendo a vontade de Deus manifestada claramente de modo irrecusável.

A embarcação zarpou de Ancona, com destino a São João D'Acre, onde chegou depois de um mês de viagem. Nesse lugar, os religiosos dividiram-se de dois em dois para levar a doutrina cristã aos habitantes daquela região. Francisco e seu irmão Iluminato seguiram logo para o Egito. Em Damieta, encontraram os cristãos que faziam parte da cruzada organizada contra os muçulmanos. A luta, aí, era das mais terríveis. Os cruzados estavam sendo rechaçados pelas tropas comandadas com habilidade e valentia pelo sultão Malek-el-Kamel. Os dois franciscanos pressentiram desde logo a derrota que deveria sofrer o exército da cruz, encontrando "o campo cristão em estado moralmente deplorável, chagado pelo ódio, pela inveja, pela ambição de domínio, pela rapinagem, pela intemperança e pelos maus costumes. A cruz só estava ali por ultraje".[1]

Francisco, com a agudeza de espírito que o caracterizava, percebeu que o castigo de Deus cairia fatalmente sobre aqueles insensatos cristãos. Aconselhou os chefes a que não prosseguissem na luta, pois, já agora, tal esforço seria apenas insensatez. Inutilmente deu o conselho. A 29 de agosto de 1219, foram os cruzados atingidos por tremenda derrota, em que pereceram seis mil homens. A desolação e a tristeza invadiram os combatentes da grande causa. Nos longos dias de luto que se seguiram, Francisco manteve-se incansável; pregou a Palavra de Deus, ensinando a todos a doutrina imperecível de Jesus Cristo. Pediu a todos que se afastassem da miséria moral e mostrou que o pecado é o mal feito contra Deus, sendo também causa de todas as desgraças humanas. Muitas pessoas foram tocadas pela graça divina. A personalidade do Santo, seu ascetismo e, sobretudo, seu exemplo constituíram fatores decisivos para uma infinidade de conversões. Dos convertidos, vários ingressaram depois na Ordem Franciscana.

O Santo, sempre sereno, estava firme no seu propósito missionário. Queria ir ter com os duros sarracenos. Desejava ardentemente alcançar o objetivo de sua viagem: levar aos inimigos a Palavra de amor e de paz. A custo conseguiu permissão das autoridades eclesiásticas para atravessar as trincheiras. Depois de longa caminhada, em companhia do irmão Iluminato, chegou enfim ao campo inimigo, sempre cantando o salmo de Davi:

---

[1] STICCO, Maria. *São Francisco de Assis*. Petrópolis: Vozes, 1991.

"Mesmo quando ando em meio às sombras da noite, não receio males, porque vós estais comigo, Senhor".

A permanência do Pobrezinho e de seu companheiro entre os muçulmanos é página de rara beleza. Ele pregou com eloquência, pondo em relevo, em luminoso relevo, o dogma da Santíssima Trindade, dogma radicalmente oposto ao pensar maometano; foi ouvido pelo sultão com surpresa, a princípio, depois, com vivo interesse. Notáveis são os fatos que se desenrolaram durante a permanência dos dois apóstolos no campo inimigo. A conversa mantida entre Francisco e Malek--el-Kamel foi palpitante de vida, com diálogos dos mais interessantes. O sultão ficou profundamente impressionado com a figura magra e pequena, mas radiosa, daquele audaz visitante. Quis tê-lo consigo. Pediu-lhe que ficasse. E Francisco respondeu: "Senhor, de bom grado ficaria convosco desde que fosse certa a vossa conversão e a conversão do vosso povo".

O Santo, que procurava sofrimento, recebia, sem desejar, verdadeira homenagem. Viu-se obrigado, pelos seus votos de pobreza, a não aceitar riquíssimas dádivas. Fez ao sultão apenas um pedido, nos seguintes termos: "Desejo de vós um presente, que é de incomparável valor: a vossa alma. Quero-a para Deus Nosso Senhor, para a felicidade do céu".

Ao despedir-se, o sultão do Egito, o valente guerreiro sarraceno, profundamente comovido, pediu-lhe: "Roga por mim para que Deus me revele a religião que lhe for mais agradável".

Francisco, por ocasião de seus trabalhos apostólicos no Oriente, chegou até a Palestina e visitou os santos lugares, levado pelo imenso amor ao Divino Crucificado. Sua visita às longínquas terras foi de tal maneira eficaz, que ainda hoje lá permanece seu admirável espírito. Os franciscanos, nos dias presentes, como nos dias do passado, acham-se em todo o

Oriente, trabalhando devotamente pela conversão dos infiéis, num empenho muito intenso de levar o povo para Deus. Os frades menores, em Jerusalém, desde os primeiros tempos, têm a guarda do santo sepulcro; honra sem par, que causa admiração aos cristãos do mundo todo.

Francisco de Assis, grande santo, desejou a conquista do santo sepulcro pelas santas missões, pelas prédicas e pelas orações; nunca, porém, pela violência. Ele quis, e assim também todos os seus filhos espirituais, a conversão dos hereges e dos infiéis para Nosso Senhor Jesus Cristo.

A Igreja, instituição divina, deseja a conversão e não a exterminação dos pagãos e dos gentios.

Volta do Oriente

Francisco voltou do Egito em 1220, obedecendo à vontade de Deus. Por sua vontade, permaneceria no Oriente para evangelizar os infiéis e, se preciso fosse, também morrer. Entretanto, necessitava-se de sua presença na Itália, para que a Ordem, a querida família humilde, sob sua prudente e sábia direção, desabrochasse em frutos abundantes e fecundos.

Desembarcou no porto de Veneza. Iniciando desde logo o seu apostolado, dirigiu-se para as cidades de Pádua, Bérgamo, Bréscia, Mântua e Cremona. Em toda parte, operou prodígios, estabelecendo a paz e convertendo incrédulos, encaminhando-os a uma vida de fé e boas obras. Em Bolonha, receberam-no em triunfo. Prestaram-lhe, todos da cidade, as maiores homenagens, principalmente os estudantes de sua famosa universidade. Nessa grande cidade, ao lado de doces consolações e bênçãos, sentiu uma dor profunda e indisfarçável. Seus irmãos de hábito, os queridos companheiros de apostolado, tão bem preparados para a pobreza evangélica, instalavam-se, ali, em casa grande e confortável. Ele sempre quis a observância da santa pobreza em todas as habitações franciscanas. Ao ver a pomposa residência dos franciscanos bolonheses, dirigida por Frei Pedro de Stacia, perguntou com espanto e amargura: "É isto uma casa de pobres evangélicos? É de frades menores esta grande e soberba mansão?". Depois de breves reflexões, acrescentou: "Não reconheço esta casa como uma das nossas e seus habitantes como irmãos. Mando a todo aquele que quiser conservar o nome de frade menor que saia daqui e deixe aos ricos do mundo seus palácios".

Os religiosos, atemorizados com o modo enérgico daquele que em outras ocasiões se mostrava sempre suave e sereno, mesmo no admoestar, saíram sem demora do confortável convento, procurando abrigo nos arrabaldes. Levaram também os doentes da parte do convento que servia de hospital para pobres habitações.

Um venerável e ilustre purpurado, o Cardeal Ugolino, achava-se na cidade. Posto a par dos acontecimentos, procurou tranquilizar Francisco, dizendo-lhe que a casa era realmente grande, mas não confortável. Fez-lhe ver a necessidade de residências amplas para que os doentes pudessem receber bom tratamento. Mostrou-lhe que a casa não era propriedade dos franciscanos e que desse modo o voto de pobreza não se romperia.

O Santo, com o rosto iluminado de doçura, num sorriso bom, permitiu aos irmãos que voltassem para o convento bonito e espaçoso. Ele, porém, não se instalou naquela casa, que sempre lhe parecera excessivamente espaçosa, excessivamente confortável para quem nada devia possuir nesta terra de exílio.

Diversos milagres operou Francisco na cidade de Bolonha. Um deles foi por meio de singela oração. Apresentaram-lhe um menino robusto e lindo, mas cego de um olho. O Santo previu o futuro da criança, pedindo a Deus, em humilde oração, que fosse restituída a vista a quem viria a ser útil para todos nos primeiros anos da Ordem Franciscana. Depois de curta e fervorosa oração, o pequeno milagrosamente começou a enxergar. Mais tarde, o agraciado, moço realmente de grandes aptidões, entrou para a Ordem dos Frades Menores, realizando fecundo apostolado. Afirmava sempre aos irmãos que via muito melhor pelo olho curado do que pelo outro que nunca fora doente.

As orações do Pobrezinho, humildes e expressivas, eram constantemente ouvidas por Deus. Doce e suave murmúrio, chegavam elas sempre aos ouvidos do eterno Senhor. Algumas das admiráveis orações do grande santo são do nosso conhecimento. Todas impregnadas de profunda humildade e da mais sublime inspiração: a inspiração do amor de Deus. Ele abria os lábios para perguntar: "Quem sois vós, dulcíssimo Senhor e Deus meu, e quem sou eu, vilíssimo verme da terra e inútil servo vosso?". Dizia aos homens: "Louvai ao nosso Deus, vós todos os seus servos, vós que o temeis, pequenos e grandes. Que celebrem em sua glória os céus e a terra, o mar, e tudo quanto neles existe".

Francisco desejava ardentemente que todos adorassem ao Pai. Perplexo pela indiferença dos homens, saía muitas vezes como jogral do Grande Rei, repetindo por toda parte as imortais palavras de Cristo Nosso Senhor. Pregou com doçura e amor a palavra do Divino Mestre, ensinando como outrora a oração das orações, a prece substantiva – o Pai-Nosso. Oração pequenina, modesta na forma, porém, imensa na sua substância, na pureza e na elevação do seu pensamento, foi sempre a prece predileta do Arauto de Deus.

Aplaudido pelo povo e constantemente admirado, Francisco ouviu, contudo, algumas vezes, palavras que ditas a outro homem poderiam causar profunda mágoa.

Certa ocasião, na igreja da cidade de Terni, pregou diante do bispo diocesano; como sempre, com grande agrado dos ouvintes. Todos se emocionaram com as palavras por ele proferidas. Terminada a pregação, o bispo dirigiu-se aos fiéis que enchiam o templo e lhes disse: "Agradeçamos a Deus que se serviu deste pobre homem, ignorante e desprezível, para ilustrar a Igreja, revelando-nos a sua misericórdia".

As expressões usadas pelo bispo iriam ferir certamente qualquer outro. Mesmo um legítimo servo de Deus sentir-se-ia, nesse instante, diminuído e com mágoa no coração. Francisco, todavia, sereno, sorriu como que deslumbrado. Logo, abismou-se no seu nada. Viu-se diante do Divino Senhor como o último dos homens. Agradeceu ao bispo por ter feito a devida reparação, destacando a miséria, dele, pobre mortal, da glória imensa de Deus, de sabedoria e poder infinitos.

Francisco era assim humilde, porque se conhecia muito bem e muito mais conhecia a grandeza do Divino Criador. Diante da Majestade Infinita, mediu com precisão a pequenez de seus próprios atos, julgados por ele apenas ações de pobre criatura humana.

Santo Antônio

Os corpos dos mártires de Marrocos foram transportados para Portugal. E isso graças ao longo período de paz existente entre os mouros e os povos da península Ibérica. Em Coimbra, a rainha, de nome Urraca, esposa de Afonso II, à frente de enorme multidão, compareceu diante das relíquias dos mártires e acompanhou-as até à igreja de Santa Cruz, onde foram respeitosamente depositadas.

Depois desse episódio, surgiu na vida franciscana a figura de Santo Antônio. O martírio dos filhos espirituais de Francisco de Assis impressionara de maneira profunda Fernando, jovem religioso dos Cônegos de Santo Agostinho, que, estando para entrar na Ordem Seráfica, revelara então, desde logo, o desejo de pregar a palavra divina entre os infiéis para obter também, caso fosse da vontade divina, a palma do martírio. E conservou-se firme no desejo de ser missionário e de revestir o humilde burel. Felizmente obteve consentimento dos superiores e substituiu a veste branca de cônego pelo áspero hábito de frade menor. Um dos filhos diletos do Pobrezinho, Antônio, foi, desde essa hora, estrela de primeira grandeza.

Antônio, que se chamava Fernando de Bulhões, nasceu no dia 15 de agosto de 1195, em Lisboa. A rigor, ele deveria ser chamado Santo Antônio de Lisboa, mas os santos pertencem muito mais aos lugares onde evangelizam e morrem do que àqueles onde nasceram.

Frei Antônio, ao iniciar sua nova carreira, partiu para a África. Mas não pôde permanecer em território africano por ter sido ali acometido de febres malignas. Doente, não podendo exercer o seu apostolado, teve de embarcar de regresso a Portugal. Mas uma tempestade violenta fez o navio entrar pelo mar Mediterrâneo; desgovernado e batido por fortes ventos, foi ancorar, inexplicavelmente nas costas da Sicília. Desta ilha, partiu para Assis, participando de um capítulo geral, isto é, de uma assembleia, promovida pelos religiosos franciscanos. Teve, então, a suprema felicidade de conhecer pessoalmente o seráfico fundador de sua Ordem. De Assis seguiu mais para o norte, demorando-se, por algum tempo, no solitário claustro de Monte Paulo, perto de Fórli, na Romanha onde levou uma vida de austeridade e penitência. Orando, entregou-se de todo nas mãos de Deus e aprofundou-se no estudo da Sagrada Escritura, sempre diante de Jesus crucificado e na maior humildade.

Em Fórli, por ocasião da ordenação sacerdotal de alguns religiosos, seus confrades, o bispo diocesano ordenou a Antônio que falasse, que proferisse a necessária exortação aos ordenandos. E ele falou, e de tal maneira o fez, que todos logo descobriram o seu saber, a sua admirável dialética e a rara eloquência de uma palavra persuasiva e encantadora. Daí por diante, por obediência, falou muitas vezes, passando depois a ensinar Teologia num convento da Ordem a pedido expresso de Francisco. O pai espiritual escreveu: "A meu caríssimo Frei Antônio, Frei Francisco saúda em Cristo. Apraz-me que interpreteis para os irmãos as letras da sagrada Teologia, mas de modo tal que nem em vós nem neles (como ardentemente encareço) se extinga o espírito da santa oração, conforme a regra que professamos. Adeus".[1] E Antônio ensinou Teologia e fez mais: proferiu discursos. Orador inspirado e mágico, sua palavra levou centenas

---

[1] Opuscoli, 21, citado por Carlos Sá em *Retrato de São Francisco*. s.n.t.

de pessoas para Deus. Foram memoráveis suas passagens por Bolonha e por todo o norte da Itália. Deixou também em terras da França suas pegadas de sábio e de santo. Montpellier e Toulouse, cidades francesas, tiveram a graça de muitas vezes ouvir o perfeito pregador. Ele escolheu, contudo, Pádua para seu principal campo de apostolado. Nessa cidade, realizou grandes trabalhos em pregações incomparáveis.

Conta-se que, na Páscoa de 1231, pregou em Pádua quarenta sermões em quarenta dias seguidos. A multidão, para ouvi-lo, aumentava sempre. Milhares de pessoas desejavam ver e ouvir o eminentíssimo orador. Inúmeras vezes, tão grande era o número de seus ouvintes, que se fazia necessário virem homens possantes abrir caminho para que ele passasse.

Grande pelo talento, Antônio foi grande também pela humildade; e foi essa virtude, decerto, que o salvou da soberba. Não fosse ele humilde, visceralmente humilde, ter-se-ia perdido, levado pela vanglória do mundo e esmagado pela vaidade do século. Seus discursos distinguiam-se por uma impressionante simplicidade e cristalina clareza. Sabia falar aos doutos e aos pequenos, servindo-se com inteligência e oportunidade dos mais belos trechos bíblicos. Ouvindo-o, todos desejavam encaminhar-se decididamente à prática do bem. Mas Antônio, homem de Deus, não só pregava, mas ensinava e confessava até o pôr do sol, sem quebrar o jejum. E isso em prejuízo enorme de sua saúde, pois padecia de doença grave que cedo o levaria para a eternidade.

Defensor dos pequenos e humildes, Antônio revelou-se paladino das causas do bem, insurgindo-se sempre contra os poderosos da terra. Advogado dos pobres e dos perseguidos, levantou sua voz não só contra os corruptos e corruptores, mas ainda contra os tiranos do povo. Entre estes, estava o famoso

Erzelino. As cidades de Verona e Pádua sofriam sob o grande opressor do cruel tirano. Homem poderoso, dispondo de uma força verdadeiramente satânica, era o flagelo que assolava extensa região. Frei Antônio, pobre e indefeso, mas destemido e intrépido, certa vez entrou na morada do déspota e lançou-lhe destemidamente esta repreensão: "Ameaça-te o juízo de Deus, tirano feroz, monstro insaciável. Quando cessarás de derramar o sangue dos cristãos inocentes e fiéis?".

Aquele homem sem alma e perverso sentiu-se repentinamente amedrontado e fraco diante da imensa força moral do frade humilde e santo. Da ferocidade passou à mansidão. De joelhos, prometeu regenerar-se, dando liberdade a inúmeros e infelizes prisioneiros.

Sem conta e espantoso é o número de milagres que o santo português realizou. Francisco, espelho fiel do Salvador, teve a seu lado, em sua vida terrena, grandes homens. Mas nenhum, sem dúvida, tão grande como esse gigante espiritual que se chamou Antônio.

Indulgência

Um filho espiritual de Francisco de Assis, um daqueles da primeira hora franciscana, viu em sonho inúmeros cegos em torno da pequena igreja de Santa Maria dos Anjos, da Porciúncula, com as faces em lágrimas e as mãos levantadas para o céu, implorando de Deus luz e misericórdia, e observou que, repentinamente, jorrava do céu uma luz poderosa e intensa, que descia sobre eles, restituindo-lhes a vista, curando-os milagrosamente. Francisco compreendeu logo o significado do estranho sonho: percebeu, de maneira clara, que os cegos que estavam à procura de luz eram os pecadores do mundo que, arrependidos de seus pecados, iriam à Porciúncula em busca de perdão. E para conseguir esse perdão, privilégio incomparável da indulgência plenária, ele se dirigiu duas vezes a Perúgia.

Perde-se na bruma do início dos tempos franciscanos o episódio da primeira ida, talvez em junho de 1216, para falar com o Papa, o grande Inocêncio III.

Para essa audiência teria o Pobrezinho feito árdua caminhada a pé, chegando extenuadíssimo à nobre cidade, onde se encontrava o chefe da Igreja. Mas dizem que, ao alcançar as ruas principais de Perúgia, divisou qualquer coisa pairando no ar, prenúncio de desgraça e tristeza. Logo que percorreu as ruas, notou pequenos grupos de homens e mulheres falando à meia-voz, como que amedrontados. Conversavam de modo misterioso e triste. Eram poucas as pessoas que se dirigiam para os lados do palácio episcopal, vasta residência onde se hospedava o Papa. O fato, que enchia toda a população de mágoa e de dor, era a doença do grande Inocêncio III, que caíra com febre, revelando sintomas alarmantes de um mal terrível e contagioso. Os altos e nobres dignitários da corte pontifícia aguardavam de longe o desenlace do soberano pontífice. Amedrontavam-se, com terror, persuadidos, desde logo, de que o mal cruel e impiedoso que atacara o soberano era doença de perigoso contágio. No quarto do enfermo, que muito sofria, achavam-se os médicos, que, sem cessar, se revezavam num trabalho penoso para proporcionar-lhe alívio. Procuravam amenizar-lhe a febre com compressas frias, que eram, de instante a instante, colocadas na sua fronte ardente. Além dos médicos, ninguém mais podia entrar no quarto onde pairava a morte. Os prelados aguardavam nos salões e nos corredores do palácio o doloroso desfecho.

Francisco chegou-se e desejou ver o doente. Alguém, com prudência, observou-lhe: "Não podes entrar. O mal é contagioso. Ademais, de nada serviriam as tuas palavras para quem está com os momentos contados, com a alma prestes a partir para a eternidade". Mas Francisco, o intrépido Francisco de Assis, que jamais sentira medo, quis penetrar no quarto do Papa, daquele Papa que seis anos antes, em Roma, o recebera com demonstração de surpresa e depois de bondade, aprovando-lhe a regra, abençoando-o. O pobre frade, ao entrar no espaçoso quarto, antes de aproximar-se do leito onde jazia o enfermo, disse: "Os doentes necessitam de médicos para seus males corporais, é certo; mas necessitam muito mais de alguém que lhes fale de Deus, que lhes dê o conforto para a alma que vale incomparavelmente mais do que o corpo".

E ele, o pequeno e humilde religioso, aproximou-se serenamente do Papa que se despedia da vida, daquele que até há pouco fora realmente poderoso, não só pelo seu poder espiritual, mas ainda poderoso como chefe de estado. Na hora amarga, quando os fracos e aduladores se ausentaram, chegou o amigo certo da hora incerta e sombria. Viu no doente, homem exausto e batido pela dor, não um irmão apenas, mas um pai muito amado. Lembrou-se da alta dignidade de Inocêncio III e curvou-se humildemente para servir seu soberano e amigo, querendo ser, naquela ocasião, mais do que nunca, o servo verdadeiro daquele que nada mais podia fazer para si ou para seus amigos. Com muito respeito e, sem dúvida, emocionado, tomou-lhe as mãos finas e brancas e beijou-as filialmente. Sinais evidentes da morte que se aproximava marcavam o rosto do enfermo, que, febril, tentava emergir de uma dolorosa situação. Inocêncio III, sentindo o contato dos lábios que lhe beijaram as mãos, volveu seus grandes olhos e reconheceu, com certeza, a figura de Francisco, envolvida de doçura e amor. Sorriu para o santo e humilde visitante, fazendo esforço para falar, para dizer algo daquela chegada verdadeiramente providencial. Não pôde, entretanto, proferir palavra alguma. Sua boca, ressequida e meio aberta, jamais articularia frase que se pudesse entender.

Francisco rezou fervorosamente. Enxugou a fronte úmida do doente e depois falou com expressão e com grande firmeza de Jesus Nosso Senhor, que morreu para vencer a morte. Referiu-se à ressurreição da carne, falando da vida futura do céu, onde não mais haverá choro e onde toda tristeza será convertida em alegria e toda lágrima será enxugada no rosto. Mostrou a infinita misericórdia de Deus que dá o sofrimento para que se apaguem os pecados e se abram as portas da eterna e feliz morada.

Inocêncio conseguiu sorrir de novo, enlevado com as palavras ternas do suave homem de Assis.

Voltou-lhe a calma. Expirou, feliz, mantendo, na rigidez da morte, o último e o mais expressivo sorriso que lhe dera a vida. Dizem que Inocêncio III foi enterrado despido de suas insígnias de pontífice: levaram-no à sepultura simplesmente revestido do hábito franciscano.[1]

Depois desse impressionante episódio, Francisco voltou para sua cidade natal e lá permaneceu até que um novo sucessor de Pedro, o pescador do mar da Galileia, subisse ao trono pontifício. Isso aconteceu nesse mesmo verão de 1216. O novo Papa, homem inteligente e santo, assumiu o posto de chefe da Igreja na mesma cidade de Perúgia, recebendo o nome de Honório III.

E esse romano ilustre, da família Savelli, terá seu nome ligado de maneira gloriosa à indulgência da Porciúncula.

---

[1] FÜLOP-MILITAR, René. *El santo del amor.* s.n.t.

O grande perdão

Antes de findar o verão de 1216, acompanhado de Frei Masseo de Marignan, Francisco dirigiu-se novamente a Perúgia, em busca da indulgência da Porciúncula. Apresentou-se, corajoso e feliz, diante do Papa Honório III, com estas singelas palavras: "Santo Padre, há pouco tempo, eu restaurei uma igreja construída em honra da Virgem Mãe de Jesus. E agora venho, em nome de Jesus Nosso Senhor, rogar a Vossa Santidade a concessão de uma indulgência para essa igreja".

O pedido era ousado. É verdade que a indulgência vinha dos primeiros dias do cristianismo. O Apóstolo São Paulo usou de indulgência para com um cristão culpado, em consideração aos fiéis de Corinto. No tempo das perseguições, a Igreja concedia, muitas vezes, indulgências para substituir as penitências dos pecados a pedido dos confessores e mártires. Nos dias de São Francisco, a indulgência plenária só era concedida aos peregrinos da Terra Santa, a pessoas que visitassem Roma por ocasião de alguma solenidade especial (e nunca sem condição de esmola para a construção das basílicas), como também aos peregrinos de Santiago de Compostela, na Espanha, célebre santuário onde se encontram as relíquias do apóstolo São Tiago.

A solicitação do pequeno frade era realmente grande, pois à igreja da Porciúncula, muito humilde e pobre, só mesmo por intervenção divina ser-lhe-ia concedido o incomparável privilégio. O Papa relutou, mas cedeu quando sentiu claramente que o santo homem estava inspirado por Deus e percebendo que o pedido era feito em nome de Jesus Cristo, não sendo outro o objetivo senão a conversão dos pecadores.

Francisco sentiu-se imensamente feliz ao ouvir a resposta favorável do Sumo Pontífice, que lhe perguntou, contudo: "Dize-me: quantos anos queres de indulgência para essa igreja?". "Santo Padre, eu não peço anos, mas almas."

E São Francisco explicou com simplicidade que desejava que todos os homens que, contritos e confessados, fossem à Porciúncula obtivessem remissão de seus pecados, da pena e da culpa, na terra e no céu, do Batismo ao dia e à hora em que entrassem na pequena igreja de Santa Maria dos Anjos.

O Papa ficou maravilhado com o arrojado e generoso pedido e respondeu por três vezes, de maneira bem expressiva, que concedia a indulgência tão desejada. O Pobrezinho ouviu a resposta final da concessão e, quando quis retirar-se, ouviu ainda o Papa: "Ó homem simples, aonde vais? Que testemunho tens da indulgência?" "Basta-me a palavra de Vossa Santidade. Deus há de manifestar-se nesta obra divina", foi a resposta que deu.

E, grande e humilde, como sempre, partiu cantando, na esperança de levar todos os homens para a glória do Paraíso.

Algum tempo depois, já em Roma, muitos dos altos dignitários da Igreja manifestaram-se contrários à concessão da indulgência da Porciúncula, opondo-se ao chefe da cristandade que se arriscava, assim, a prejudicar as indulgências da Terra Santa. Mas o Papa manteve-se inabalável no sentido de manter o que havia prometido. E sua firmeza aumentou ainda mais quando surgiu o milagre das rosas, episódio refulgente que até hoje perfuma a história franciscana.

Deu-se o grande milagre depois de duríssimas horas em que o Santo se viu presa de terríveis tentações. Achava-se ele em sua pobre cela, em noite de rigoroso inverno, ao abrigo do vento e da neve, revestido de seu hábito e com a cabeça coberta pelo capuz. De repente, ouviu vozes pérfidas e sedutoras. Alguém que sabia falar, alguém de rara inteligência e fina malícia, o chamava das trevas da noite. O Santo recebia, surpreso, um convite imprevisto e fascinante: "Francisco, és um sonhador e um tolo, deixa essas penitências, não maltrates teu corpo ainda jovem e perfeito. Foste feito para o mundo, para os prazeres, e nunca para uma vida de renúncia e de pobreza. Nasceste rico e a riqueza ainda será tua, desde que abandones o teu louco ideal de servir a um Deus que tu não vês. Vem com a tua elegância para os salões e participa dos festins, onde lindas mulheres te esperam para magníficos esponsais. Teus serão os prazeres do mundo, pois rica é a tua família, Francisco Bernardone. A loucura da cruz é o desvario, levando-te ao sofrimento e à dor. Deixa-a. Sê sensato e serás venturoso na realidade do mundo material, sem sonhos nem quimeras".

Aturdido, com o coração aos pulos, Francisco sentia-se arrastado para um retrocesso, para uma nova tomada de posição. Mirou seu corpo jovem e são, num movimento rápido de sensualidade. Mas um raio de luz veio do céu, fazendo-o afastar-se do mal, das forças misteriosas. Lembrou-se de Jesus Cristo, do homem-Deus, cujas pegadas desejava seguir. E sem vacilar saiu ao relento, enfrentando o frio intensíssimo da noite para se livrar do desejo da volta ao mundo, para desvencilhar-se da tentação do pecado.

Em seguida, temendo ceder ao convite das trevas, exausto e seminu, atirou-se a um espinheiro. E nele espojou-se, ferindo-se entre os acúleos e os ramos. O sangue saltou da epiderme rasgada, tingindo de púrpura todos os tortos e nodosos galhos dos ásperos arbustos.

Milagre estupendo! De manhã, ao raiar do sol, o pequeno matagal estava recém-florido, espargindo fragrâncias delicadas. A folhagem tornou-se verde. Rosas maravilhosas surgiram. Algumas vermelhas, bem vermelhas; e outras brancas, salpicadas de vivas gotas de carmim. A cidade de Assis, naquela manhã de inverno, regozijou-se intensamente com o grande e memorável prodígio.

Das flores desse estranho e maravilhoso jardim, Francisco apanhou doze rosas brancas e vermelhas para levá-las ao Sumo Pontífice. E assim o fez. Em Roma, reuniu-se então o consistório. Perante a maravilha do milagre do reflorir das rosas em pleno mês de janeiro, a admiração dos cardeais foi enorme. E todos proclamaram, atônitos, a santidade do pequeno frade de Assis.

A indulgência da Porciúncula foi confirmada, significando a ressurreição dos espíritos, regenerados pela graça do Espírito Santo. O Papa Honório III, jubiloso, promulgou sem demora o grande perdão de Assis para toda a cristandade.

Despojemos o altar

Francisco desejava que seus filhos não recebessem dinheiro a fim de não correrem o risco de cair no pecado da ambição. O dinheiro, não raro, é causa de pecado. E o pecado é o maior mal que existe no mundo. O dinheiro leva muitas pessoas que se dizem cristãs ao pecado da avareza. E os avarentos não entrarão no Reino de Deus.

O pai seráfico era cuidadoso na recepção, em sua comunidade, de homens ricos. É verdade que muitos, possuidores de grandes haveres, foram admitidos na primeira Ordem, mas sempre depois da distribuição de seus bens aos pobres. Notável é o seguinte fato, ocorrido em 1212, quando Francisco achava-se enfermo na Porciúncula. Um moço rico e nobre da Lombardia lhe foi apresentado pelos religiosos que voltaram do norte da Itália. O jovem havia feito a distribuição de sua fortuna aos pobres do lugar onde nascera. Mas chegou, vindo de Milão, com grande e pomposo acompanhamento. Aquele aparato na chegada e na despedida dos amigos e parentes fez com que o Santo recusasse a sua entrada, temendo a sua falta de vocação religiosa. Ele, entretanto, com lágrimas nos olhos e com a voz embargada pela comoção, pediu insistentemente para fazer parte da família franciscana. Movido de piedade, Francisco resolveu aceitá-lo, com a condição de que durante todo o seu noviciado ele fosse o cozinheiro de um hospital, perto de um novo convento. Para habituá-lo a renunciar à vaidade do mundo, despojado de todas as coisas terrenas, foi mandado para Roma, onde efetivamente prestou bons serviços na cozinha do hospital de São Brás. O jovem noviço revelou, porém, enquanto exercia o humilde ofício, qualidades excepcionais de espírito. Santificara-se aceitando de bom grado, corajosamente, aquela situação. Mais tarde, por sua inteligência e operosidade, viria a receber um prêmio: tornou-se o superior de importante casa religiosa. Dizem as crônicas da época que esse antigo cozinheiro de São Brás, jovial e expansivo, distinguiu-se muito nos cargos de relevo que ocupou.

Em 1219, deu-se outro fato interessante com resultado diferente do primeiro. Quando Francisco atravessava a região de Marca de Ancona para ir ao Egito, encontrou-se com um homem de aspecto vivo e saudável, que pediu para entrar na Ordem dos Franciscanos, pois desejava vestir o hábito de frade menor. A ele disse o pai espiritual: "Se queres unir-te com os pobres do Senhor, vai, vende o que tens e o dá aos pobres". O homem entendeu muito bem as palavras evangélicas; entretanto, não quis executá-las, preferindo deixar seus bens e seu dinheiro a seus pais e a seus irmãos para poder reavê-los depois, talvez. Aos indigentes e aos necessitados nada entregou.

A esse indivíduo, sem nenhum espírito de pobreza e sem alegria no coração, foram ditas estas palavras pelo penitente de Assis: "Segue teu caminho, irmão mosca, porque ainda não saíste de tua casa e de tua família". Na verdade, aquele candidato à pobreza estava longe da realidade franciscana. Sua liberalidade conseguiria, quando muito, chegar às pessoas de sua casa. Era, no fundo, um egoísta. Pensava em si e nos seus. E em ninguém mais.

Francisco queria que seus companheiros fossem homens de verdadeiro espírito de renúncia, pessoas absolutamente generosas, achando que esse proceder seria fator decisivo para a firmeza da instituição. Estabeleceu, assim, a pobreza como ponto básico de sua grande Ordem; dela depende o manter-se de pé ou o desmoronar-se de uma vez. Prescreveu mesmo que o noviço nada podia trazer consigo, indo ao ponto de não permitir que a Ordem recebesse dinheiro ou quaisquer outros bens dos candidatos.

Certa vez, o convento da Porciúncula passou por grande penúria, não podendo dar aos frades nem o necessário alimento. Então, Pedro de Catani, superior da casa, procurou Francisco, descrevendo-lhe pormenorizadamente a situação e pediu-lhe licença para, no futuro, aceitar alguma parte dos bens dos noviços. A resposta foi precisamente esta: "Nunca aconteça, irmão caríssimo, que, por qualquer motivo que seja, pequemos contra a Regra. Eu quisera que tivesses de despir o altar de Maria Santíssima antes do que fazeres qualquer coisa, por pouco que seja, contra o voto de pobreza. Porquanto, Maria prefere, estou certo, que despojemos seu altar e observemos, perfeitamente, o conselho evangélico, a que lhe adornemos o altar e transgridamos o conselho de seu divino filho".[1]

Francisco de Assis, admirável santo! Não só pregou o Evangelho, mas fez com que as verdades evangélicas resplandecessem intensamente, dando exemplo de vida igual à dos primeiros apóstolos, daqueles que estiveram ao lado do Divino Mestre.

Uma velha mulher, mãe de dois irmãos menores, pediu um dia esmola no convento. Nada havia que lhe pudesse ser dado, a não ser uma Bíblia nova que poderia ser vendida. O Santo, sem vacilar, diz ao guardião: "Dai-lhe a Bíblia. Deus ficará mais contente com o que fizermos a essa pobre mulher do que com as nossas salmodias na capela. Deu-nos filhos à Ordem. Pode pedir-nos tudo".

---

[1] Dito por Tomás de Celano, em *Vita Secunda* (citado por B. C. Andermatt).

A pobreza dos franciscanos era verdadeiramente heroica. Eles não temiam provações. A caridade os levava até a tirar o pão da boca ou despojar-se de suas míseras vestes para ir em socorro de quem estivesse com fome ou fosse mais pobre do que eles. Admirável também o amor existente entre os irmãos! Nenhuma contenda, nenhuma inveja, nenhuma desconfiança, nenhuma murmuração; mas sim, paz, concórdia, olhares humildes, palavras serenas, uma só mente, uma só alma, porfiando todos no espírito de renúncia. Todos eram generosos. Ninguém se furtava ao trabalho, nem mesmo ao sacrifício ou à fadiga.

Francisco falava de Deus, a alegria infinita, e não cessava de apregoar que seus filhos espirituais eram jograis de Deus para alegrar o coração dos homens e conduzi-los à vida de perfeição cristã.

Alegria franciscana

São Francisco não compreendia como podia um homem, no cumprimento exato dos deveres para consigo, para com o próximo e para com Deus, deixar de ter alegria no coração. Achava que os religiosos, homens de consciência pura e de elevação espiritual, deviam deixar transparecer no rosto o júbilo, bem próprio da alma imortal, feita à imagem de Deus. Na alegria da vida, o Santo via a fortaleza da pessoa cristã.

A verdadeira alegria só pode ser a do cristão, que, ouvindo os divinos ensinamentos, segue, dia a dia, o caminho do bem, em atos de generosidade e de amor, para alcançar a eternidade feliz. Na última ceia, Jesus Cristo falou do amor que deveria unir seus discípulos e disse: "Eu vos disse estas coisas para que o meu gozo permaneça em vós e para que vosso gozo seja completo" (Jo 15,11).

Cristianismo é mensagem de amor e de bênçãos. A alegria espiritual deve ser o distintivo do cristão, que, vivendo em estado de graça, sem pecado, nada teme, transforma a vida num perene sorriso bom e acolhedor. São Francisco sorria aos desamparados e tristes, levando a todos, num gesto de carinho fraterno, a manifestação do seu imenso afeto. Dizia aos companheiros não ser de conveniência alguma que um servo de Deus manifestasse tristeza, desânimo ou impaciência, pois daria oportunidade aos ímpios de pensarem mal de nossa santa religião. Desejava que todos fossem simples e puros, alegres como as aves do céu e, assim, pudessem levar a esperança e abrir horizontes aos tristes, aos desamparados, aos deprimidos, aos tentados e aos desesperados, mostrando-lhes que os sacrifícios, o trabalho, as injustiças, a dor, a renúncia e a própria morte, coisas, decerto, inerentes à vida humana, podem elevar o homem, fazendo-o feliz, na expectativa de um destino seguro e radioso. "Só não é capaz de compreender a possibilidade da perfeita alegria nesta terra de exílio quem não tem uma fé profunda e forte, plena e viva, para a espera feliz da vida futura da bem-aventurança eterna. Nossa alma poderá ser uma lâmpada a iluminar a nossa vida e outras vidas, transformando-as, hora por hora, à luz de sucessivas e surpreendentes claridades de alegria e paz."[1]

Francisco foi feliz, porque amou profundamente a Deus. Ele desejou, com intenso ardor, que todos os homens amassem o eterno Senhor. Tomou para si este mandato do Evangelho: "Sai por esses caminhos e cercados, e força-os a entrar, para que fique cheia a minha casa" (Lc 14,23). E dizem os "Três Companheiros" que Francisco evangelizava as multidões percorrendo cidades e aldeias e anunciava o Reino de Deus não com palavras de humana sabedoria, senão com a virtude do Espírito Santo. Todos admiravam a força, a verdade e a eficácia de suas palavras, as quais não provinham de humanos ensinamentos; e até os literatos e doutores acorriam a ouvi-lo, como a um homem do outro mundo. Muitos do povo, nobres e plebeus, clérigos e leigos, comovidos pela sua exortação e visitados pela inspiração divina, começaram a abandonar as vaidades da terra e cuidados deste mundo e a lhe seguir o exemplo. Francisco ensinava e dava o exemplo de uma vida sem mácula. Pregou a confraternização universal e falou da igualdade de todas as criaturas humanas pela sua origem, pelos seus direitos naturais e divinos e pelos seus fins últimos. Manso e humilde, abria caminho para

---

[1] MOHANA, J. *Sofrer e amar*. Rio de Janeiro: Agir, 1991.

que as almas fossem a Deus, ensinando que os verdadeiros cristãos, cheios do divino amor, poderiam chegar sem dificuldade à perfeita alegria.

Realmente, se fôssemos da têmpera dos cristãos que viveram nas catacumbas de Roma, que enfrentaram serenamente todos os perigos e todas as dores, seríamos felizes. O Santo de Assis viveu como viveram aqueles cristãos dos primeiros tempos. Com o coração aquecido pelo amor, tudo recebia e transformava em ouro do mais alto quilate para a salvação de todos. O contínuo caminho sobre espinhos, para galgar os altos cumes da montanha sagrada, foi sempre alegre e imensamente feliz. Ditoso mesmo no meio das mais cruas tribulações humanas. A felicidade e a alegria dos discípulos de Jesus Cristo decorrem não dos bens caducos da terra, mas da vida espiritual, da união com Deus, fonte de todo o bem. Diz a Sagrada Escritura que não há paz para os ímpios. Assim, o materialista jamais poderá ser alegre, pois, longe de Deus, que é luz, estará mergulhado nas trevas do pecado.

A alegria franciscana provém do espírito de renúncia. Livre dos bens terrenos, mais facilmente a criatura humana poderá atravessar o caudaloso rio da vida. Ninguém como Francisco compreendeu de maneira mais clara a sublimidade da pobreza evangélica, meio admirável para se alcançar as alturas do céu.

Certa vez, Frei Leão viu em sonho um grande rio. Rio verdadeiramente temeroso, não tanto pela profundidade, mas pela sua largura. E avistou muitos homens aflitos que tentavam atravessá-lo. Eram pessoas de todas as idades, de todas as condições. Na sua maioria, levavam malas, bolsas, pacotes, objetos vários. E, se não deixassem esses fardos, não conseguiam fazer a travessia.

111

A carga, grande ou pequena, sempre lhes causava transtorno; e as pobres criaturas perdiam-se na volumosa corrente das águas. Entretanto, muitas delas, porque sem fardo algum, entravam pelas águas adentro e galhardamente faziam a perigosa travessia.

São Francisco explicou a Frei Leão o significado do sonho, dizendo que aqueles que se apegam aos bens do mundo, aos bens materiais, não poderão atravessar o rio da vida para chegar à margem onde há o resplendor da luz perpétua. O apego ao ouro ou às propriedades será sempre um entrave à eterna salvação.

Por isso, o Pobrezinho pediu aos religiosos que nada possuíssem, nem como propriedade privada, nem como bens da comunidade. Deviam estar sempre dispostos a tudo abandonar, mesmo os seus abrigos, se alguém deles quisesse apoderar-se.

Devoto de Maria Santíssima

Francisco foi grande devoto de Nossa Senhora. Prestou sempre à Mãe de Deus as maiores homenagens. Para ele, Maria Santíssima representou, magnificamente, a porta do céu, a casa de ouro, a escada de Jacó, de que fala o Livro Sagrado. Sabia, como nós sabemos, da bela e expressiva passagem da Bíblia que narra a visão de Jacó, à noite, quando descansou em pleno campo. Jacó viu em sonho uma escada misteriosa que se erguia da terra ao céu. E os anjos subiam e desciam por ela.

Numa impressionante prefiguração bíblica, essa escada é bem o símbolo de Maria, que, em sua natureza humana, pertence à terra, mas que, como Mãe de Deus, está na mais alta glória do céu. São Francisco também vê a escada maravilhosa, não, todavia, formada de anjos, como Jacó, mas de homens, que sobem:

> E eles, pelos degraus da luz ampla e sagrada,
> fogem da humana dor, fogem do humano pó.
> E, à procura de Deus, vão subindo essa escada,
> que é como a escada de Jacó.[1]

A propósito da devoção de São Francisco à Imaculada, convém que façamos uma referência ao que vem narrado no livro *I Fioretti*: Frei Leão portou-se sempre como companheiro inseparável do Santo. Nas horas difíceis, inúmeras vezes esteve

---

[1] BILAC, Olavo. *Poesias*. Rio de Janeiro: Tecnoprint, 1997.

ao lado do pai espiritual. E tendo, na sua humildade, uma vida perfeita, foi em diversas ocasiões favorecido por Deus com extraordinárias graças e visões. Certa vez, em êxtase, apareceu-lhe ao espírito um vale imenso, inteiramente repleto de compacta multidão. Parecia-lhe o julgamento final, pois ele ouvia reboar os sons estridentes das tubas angélicas. Viu nitidamente duas escadas que subiam pelas alturas. Uma delas era vermelha, do vermelho vivo tirado das chagas de Jesus Cristo. Era certamente a escada destinada aos heróis da religião e aos mártires da fé. A outra era branca, muito branca, e refulgia ao clarão dos raios de sol das manhãs de maio. Era a escada luminosa da Mãe de Deus.

Frei Leão notava, não sem comover-se, que vários de seus irmãos de hábito que tentavam subir pela vermelha muitas vezes retrocediam, feridos pelas arestas do caminho. E mais: que aqueles que se dirigiam à escada de Maria Santíssima chegavam felizes à direita do Eterno Pai.

Depois dessa impressionante visão do humilde frade, São Francisco não teve dúvida a respeito da decisiva intervenção de Nossa Senhora em favor de seus filhos. A visão de Frei Leão devia fazer compreender a todos os franciscanos que, aos olhos de Deus, não há ninguém que seja achado bastante puro. Mas que, auxiliados pela Virgem Santíssima, muitos e muitos homens poderão elevar-se e alcançar a eterna salvação. E serão chamados, acolhedoramente, para o lado direito do Supremo Juiz.

Santa Maria dos Anjos, na Porciúncula, tem sido, no correr dos tempos, a torre de marfim da família franciscana. Sem o divino auxílio da Suave Intercessora, os filhos de São Francisco nada conseguiriam na senda da vida espiritual. Torre benfazeja e imensa essa que a todos recebe, pequenos e grandes. Ela conforta a todos, aos humildes e aos verdadeiramente bons, retemperando-os, unindo-os para as lutas contra as perigosas seduções do mundo.

Nossa Senhora dos Anjos, na Porciúncula, foi sempre a torre que marcava o primeiro e o último gesto dos que a tinham no coração. Quando os filhos espirituais do pai seráfico partiam de seu querido recanto, voltavam sempre os olhos para a torre da igreja querida, numa afetuosa despedida à carinhosa Mãe. Quando regressavam de longas e penosas caminhadas, para Santa Maria dos Anjos dirigiam também, primeiro, seu terno e agradecido olhar.

Os primeiros franciscanos deram, como desejava o seu pai e mestre, edificante exemplo de devoção a Maria Santíssima. Receberam como riquíssima herança esse acrisolado amor. Entre os franciscanos surgiu, desde logo, um mariano do mais alto porte: Santo Antônio, o santo insigne que nestes últimos séculos está sendo venerado no mundo inteiro. Logo depois, com o transcurso dos anos, apareceram outros insignes marianos: São Boaventura, o doutor seráfico João Duns Scot, Bernardino de Sena, Leonardo de Porto Maurício. E não poderia ser de menor brilho a falange mariana, sendo São Francisco um enamorado de Maria. Seu coração, grande e generoso, sentia-se docemente arrebatado pela beleza incomparável e sobrenatural da celeste Rainha. São suas estas palavras: "Quando digo Ave, Maria, sorriem os céus, os anjos alegram-se, o mundo goza, treme o inferno e fogem os demônios. Vós sois, Maria, a Filha do Altíssimo Pai Celestial, a Mãe de Nosso Senhor Jesus Cristo e a Esposa do Divino Espírito Santo".

Os franciscanos, desde o memorável ano de 1209, em que o filho de Pedro Bernardone percebeu claramente o chamado de

Deus, mantiveram-se sempre dedicados ao culto da Rainha do céu. E foram os defensores da devoção a Imaculada Conceição. Com a promulgação do dogma da Imaculada, em 1854, os filhos espirituais de São Francisco celebraram um triunfo repleto de bênçãos para os fiéis do mundo inteiro.

São Domingos

Viveu Domingos de Gusmão na mesma época em que o Pobrezinho pregou a doutrina cristã. Viveram os dois grandes santos – verdadeiros gigantes da vida espiritual – nos mesmos dias agitados do começo do século XIII.

O santo espanhol, de nobre estirpe, foi um predestinado à prática do bem, ao serviço de Deus. Dizem seus biógrafos que, quando sua mãe o gerava, tivera, como a de São Bernardo, um sonho estranho e profundamente expressivo: vira sair de suas entranhas um pequeno cão inflamado, com uma tocha na boca para levar o fogo da fé a todos os pontos da terra. Parece que desde a sua juventude se havia comprovado a verdade desse sonho profético.

Homem de porte, cheio de dignidade, era belo, de estatura média e de proporções rigorosamente perfeitas. Seu rosto másculo era iluminado por um olhar claro e enérgico. Suas mãos compridas e finas abriam-se constantemente para que delas caíssem dádivas e bênçãos do céu. Dimanava do santo uma espécie de esplendor sereno que a todos inspirava profundo respeito. Levava a Palavra de Deus aos mais difíceis lugares, dando, sempre, em qualquer um deles, o exemplo de vida irreprovável e o de um espírito de verdadeira renúncia.

Por ocasião do Concílio de Latrão, em 1215, encontraram-se, em Roma, Francisco e Domingos. E Durval de Morais pergunta:

Quem eram? De onde vinham? Frente a frente
encontram-se dois lúcidos destinos,
naqueles venturosos peregrinos
que esplendiam, sorrindo docemente.

O da raça de Horácio traz a mente
cheia de sonhos, transbordante de hinos,
e aperta aos braços trêmulos e finos
o herói do povo de Bivar ardente.

Fundiram-se no abraço as duas almas
dos que iam conquistar louros e palmas
no sublime combate pela Cruz!

Um coro de anjos – Glória! Glória! – entoa...
e, em meio aos serafins, Deus abençoa
o poeta e o guerreiro de Jesus!

Dizem que, ao sair de uma igreja, Domingos viu o Santo de Assis, reconhecendo logo, nele, o homem predestinado por Deus para a restauração da Igreja universal. Sentiram-se atraídos um pelo outro; e, desde esse encontro, santa amizade uniu aquelas duas luminosas criaturas que tanto deveriam fazer para o bem da humanidade. Perceberam, desde logo, que estavam unidos por um amor grande e diferente: o amor de Deus, o único que pode unir para todo o sempre as criaturas humanas, fazendo-as verdadeiramente felizes. A felicidade e a alegria dos discípulos de Jesus Cristo decorrem da vida espiritual, da união com Deus, fonte sublimada de maravilhas. Eles pregaram a todos o amor, dizendo: "Amai a Deus e amai-vos entre vós; este é o grande mandamento. Sois uma só família; em vós todos há uma única vida, a vida de Deus; deveis viver juntos uma eternidade como irmãos. Amai-vos, já, na terra, segundo o mandamento divino".

Temperamentos diversos: o jogral angélico de Deus, firme nos seus princípios, era, contudo, cheio de mansidão e doçura, pronto sempre a perdoar. Domingos de Gusmão, caráter virtuoso, mas inflexível nos seus julgamentos, tinha impressos no rosto os sinais de extrema severidade. Os dois eram bons, dessa bondade que nobilita e engrandece, mas cada um a seu modo: um, poeta, sentimental e generoso; o outro, matemático, exato, espírito profundamente realizador. Os dois receberam do Papa Inocêncio III, em Roma, em 1215, a incumbência de um trabalho gigantesco para a glória de Deus e salvação das almas. Precisavam dividir o trabalho, ficando cada qual com uma parte da ingentíssima tarefa. Franciscanos e dominicanos formariam a brigada ligeira; seriam as colunas avançadas da Igreja para a propagação da fé e conversão dos homens.

Com muito acerto, comenta Fernando Castilho: "Coisa admirável ver dois homens pobres, de aparência humilde, sem nenhum poder, nem autoridade, dividirem entre si o mundo e empreenderem a sua conquista. Quem deixaria de sorrir ouvindo que tinham concebido semelhante desígnio, a cuja realização pareciam tão pouco idôneos? Entretanto, levaram a cabo a missão de um modo maravilhoso, porque Deus escolhe os fracos do mundo para confundir os fortes. Francisco e Domingos renovaram o exemplo dos santos apóstolos Pedro e Paulo, que, na própria Roma, se propuseram a converter o mundo pela pregação do Evangelho. A escolha deles para a grande obra da conversão do mundo nos faz ver que Deus aviva a fé precisamente pelos mesmos meios com que a introduziu".

Filho dileto de Nossa Senhora, o santo espanhol mereceu do céu alta e maravilhosa dádiva. Arrebatado em êxtase, recebeu o rosário das mãos puríssimas da Virgem Maria. E é bem verdade que ele e seus discípulos renovaram e mantêm vivo o culto a Nossa Senhora do Rosário em todo o mundo. Protegido por Maria Santíssima, São Domingos combateu as heresias da Idade Média; e seus filhos espirituais combatem, ainda hoje, os erros de seitas que se dizem cristãs, mas que na verdade se afastam de Jesus Cristo.

Como Francisco, Domingos de Gusmão foi grande penitente. Viveu como pobre e assim desejou que fossem os dominicanos no correr dos séculos. Subjugou os instintos, afastando, com severas e contínuas penitências, todos os sentimentos menos nobres de sua ardente natureza. Os biógrafos de São Domingos falam de suas terríveis mortificações. Quando o corpo reclamava, açoitava-o impiedosamente com uma corrente de ferro, não lhe perdoando fraqueza alguma. Reduzia, assim, o maltratado corpo a um dócil instrumento de sua grande alma.

Em Bolonha, a 4 de agosto de 1221, no convento de São Nicolau, expirou santamente o fundador da Ordem Dominicana, chamada também Ordem dos Pregadores. Na hora extrema, seus companheiros deitaram-no na terra nua; e ele, antes da partida, rogou ainda por todos, implorando a divina misericórdia até mesmo para os que tinham sido condenados ao inferno.

Natal franciscano

O aniversário do nascimento de Jesus Cristo, desde o começo do cristianismo, vem sendo celebrado com grande júbilo em todo o mundo.

A festa do Natal, acontecimento sem par na história da humanidade, tem um cunho profundamente religioso, pois recorda a vinda ao mundo do Salvador dos homens. É fato de tal magnitude, que nem mesmo os incrédulos conseguem ficar indiferentes no decorrer do memorável dia em que o bimbalhar alegre dos sinos faz reviver em todas as pessoas o amor de Deus. A luz das milhares de velas de quantas igrejas existem na terra ilumina e aquece o coração até mesmo dos homens dominados pelas ambições terrenas.

No tempo de Francisco, do sereno e admirável homem de Assis, celebrava-se, com muita alegria, o nascimento de Jesus Cristo. Festa caracteristicamente popular e simples, uma das poucas que não eram privilégio exclusivo dos senhores e potentados, fazia aflorar o prazer também nos espíritos humildes.

Nos longínquos dias do passado, Francisco, de modo muito significativo e comovente, estabeleceu um costume de impressionante beleza. Precisemos o ano: 1223. Então, festejou ele o nascimento de Jesus de um modo como nunca se havia feito. Conta-se que o Santo viajava de Roma para a Úmbria, pouco antes das festas da natividade, e, ao passar por Greccio, disse repentinamente a João Velita, religioso da Ordem Terceira: "Irmão, se me quiseres ajudar, celebraremos este ano o mais belo

Natal que jamais se viu. No bosque, perto do nosso convento, existe uma gruta entre os rochedos; farás aí um estábulo e porás nele feno. É preciso que haja também um boi e um burro, justamente como em Belém. Quero, ao menos uma vez, festejar a vinda do Filho de Deus à terra e ver com meus próprios olhos quanto ele quis ser pobre e miserável, quando nasceu por amor de nós".

Realmente, por mais que se pense na pobreza do nascimento de Jesus, dela não se poderá ter uma ideia perfeita, a não ser que se contemple demoradamente um verdadeiro presépio – estrebaria, habitação de animais irracionais.

A respeito da execução do presépio rústico e humilde, mas profundamente expressivo, Francisco já havia consultado, em Roma, o Papa Honório III, que abençoou, desde logo, o belíssimo projeto. E o Natal de 1223 foi um acontecimento maravilhoso, que ficou gravado, em letras de ouro, nos anais da Igreja.

Na gruta, perto do bosque, tudo estava arranjado de tal maneira, que o quadro de Belém repetiu-se, comovente, ali, na sua pureza e simplicidade. Sobre um punhado de palha, repousava o Divino Infante. O povo da cidade e dos lugares vizinhos compareceu em peso à encantadora festa. Os frades dos conventos do vale de Rieti, com tochas acesas, sonorizaram os ares com cânticos solenes e festivos. Chorando de alegria, Francisco orou também de joelhos diante do presépio. À meia-noite, foi rezada a missa por cima do presépio, que servia de altar, a fim de que o Menino Jesus, sob as formas de pão e vinho, ali estivesse presente em pessoa, como o tinha estado no estábulo de Belém. Essa noite, de memorável beleza, foi realmente extraordinária, pois o Menino Celeste retornou à terra para alegria de todos.

A missa, piedosamente celebrada por sacerdote humilde e santo, teve Francisco como diácono, cantor e pregador. O amor que ele consagrava ao Menino-Deus era tão grande, que o fez cantar de maneira impressionante o Evangelho do nascimento de Jesus. Sua voz firme, clara e sonora a todos convidava para a suprema recompensa. Falava aos inúmeros ouvintes de maneira mansa, arrebatadora, referindo-se com ternura e poesia, ao natal do Rei pobrezinho. Trouxe, na singeleza inspirada da sua linguagem, a cidade santa de Belém à lembrança dos presentes. A pregação levou às lágrimas muitos dos que, encantados, o ouviram.

João Velita, homem bom e puro, assegurou ter visto na manjedoura um menino belíssimo que dormia e que Francisco tentava carinhosamente despertar. Nesse fato, verdadeiramente simbólico, podemos ver Jesus que desperta e revive em inúmeros corações, pois centenas de homens foram e ainda hoje são levados a Deus pela palavra e pelo exemplo daquele que ficou na lembrança de todos, em todos os tempos, até hoje.

É bem verdade que a comemoração do Natal, depois da inesquecível e bela restauração feita por Francisco, tornou-se mais expressiva, como que tocada de maior santidade. Agora, os cristãos podem, diante do presépio, meditar demoradamente a respeito do mistério da encarnação do Verbo. Mistério esse profundo e admirável! Deus que se faz homem! Como ele não poderia sofrer nem morrer, o Verbo tomou a natureza humana e habitou entre nós para, na sua humanidade, viver pobremente e morrer na cruz. Incompreensível é em verdade o amor de Deus!

Diante do presépio, consideramos o mistério do amor divino e ficamos perplexos ante a lembrança de que aquele a quem terra, mares, astros acatam e adoram, aquele a quem tudo obedece e que governa todas as coisas pudesse ter como berço uma manjedoura, cocho de estrebaria abandonada!

Francisco desejava que, por ocasião do Natal, mais do que nos outros dias, fossem ouvidas na terra palavras eloquentes e fervorosas no tocante à vida de Deus entre os homens e que, mais do que nunca, se exaltasse a figura de Jesus, abismo de todo o bem verdadeiro, amor de todos os amores. Ciência escondida aos grandes do mundo e revelada apenas aos pequeninos. O excelso poeta santo – "el mínimo y dulce Francisco de Asis" – dizia que possuir Jesus é possuir ao mesmo tempo as coisas passadas, presentes e futuras, pois nele e por ele, enfim, existem e existirão os séculos.

Três ladrões

Francisco pregava o bem, reprovando toda e qualquer violência. Profundamente meigo, sempre com bondade, imensa bondade, levou muitas pessoas para a eterna salvação. Ele quis que seus filhos espirituais usassem também de doçura no encaminhar os homens pela trilha reta da honra, do dever e da dignidade. Assim, o franciscano não deve ser pessoa violenta e agressiva; se for de temperamento explosivo, deve contê-lo constantemente. Tem de ser como o pai seráfico: manso e humilde de coração.

Conta-se que Frei Ângelo, antigo cavaleiro da nobreza de Pietramala e Biturgia, quando ocupava o cargo de guardião do convento de Monte Casal, perto de Burgo de Santo Sepulcro, recebeu a visita de três ladrões. Foram os perigosos bandoleiros à procura dos religiosos, levados não por desejo de assalto, mas para fazer-lhes um pedido: queriam alimento, estavam, na verdade, com fome, muita fome.

Frei Ângelo, homem forte, de poderosa musculatura, ao receber os bandidos, achou a oportunidade boa para pôr em prática a sua intrepidez de antigo oficial de cavalaria. E, cheio de indignação, caminhou para os malfeitores, injuriando-os, censurando-lhes crimes e maldades, e, violentamente, aos empurrões e socos, expulsou-os, sem nada lhes dar para comer.

Antes de findar o dia, Francisco retornou ao convento, trazendo pão e vinho que recebera de mãos amigas e generosas. Foi o frade suave e manso posto a par da ocorrência, isto é, da façanha praticada pelo guardião, seu querido companheiro de ideal. Frei Ângelo, por incrível que pareça, esperava um elogio pelo feito realizado, mas o pai censurou-o severamente. Exaltando a virtude da humildade e da mansidão, recordou-lhe a figura imperturbável do divino Salvador, tão bondoso e paciente para com os pecadores. Entregou-lhe em seguida o saco de pão branco e delicioso que recebera, e mais o garrafão de vinho, dizendo-lhe:

"Vai depressa procurar os três homens, pobres pecadores, por montes e por vales, até que os encontres e oferece-lhes de minha parte todo este pão e este vinho. Depois, ajoelha-te diante deles e confessa-lhes humildemente a culpa de tua crueldade; roga-lhes por mim que não tornem a fazer mal, que temam a Deus e não ofendam o próximo. Se fizerem isto, eu prometo prover-lhes as necessidades e dar-lhes sempre de comer e beber daqui por diante. Quando lhes tiveres dito isto, volta a ter comigo imediatamente".

Frei Ângelo partiu bem antes do anoitecer, e Francisco se pôs a rezar, pedindo a Deus a conversão daqueles seres infelizes. Após muita procura, foram os ladrões localizados à beira da floresta, junto de um pequeno regato. O frade, para ser recebido, achegou-se atenciosamente, cumprimentando-os, agora, com a saudação franciscana: "Deus vos dê a paz, meus irmãos". Surpreendidos naquele recanto, os homens nada puderam dizer. E momentos após, enquanto comiam, o religioso, pedindo-lhes perdão do que fizera, falou de Deus, infinitamente bom, que perdoa aos que sinceramente se arrependem de seus pecados; de Deus, que se fez homem para a salvação de todas as criaturas humanas, sem distinção. Frei Ângelo falou também de Francisco e do convento, onde passariam a ser sempre recebidos, desde que deixassem o crime e iniciassem uma vida honesta, sem maldades nem prevaricações.

Rezam as crônicas da época que os três famosos bandidos, beneficiados no corpo e na alma pela caridade franciscana, voltaram-se inteiramente para o bem e para o amor de Deus. Isso, graças, principalmente, à oração do Pobrezinho, oração ouvida imediatamente no céu.

A súplica ardente e humilde é atributo das criaturas eleitas e generosas e opera, muitas vezes, verdadeiros milagres. Francisco orou sempre na terra, de maneira heroica e sublime, levando grande número de transviados ao bom caminho. Pedia incessantemente a seus discípulos que se dirigissem a todos aqueles que, cegos pela paixão do mundo, se desviavam da trilha do bem. Para ganhar uma alma, teria percorrido o mundo inteiro, na mais penosa das caminhadas. Para levar uma criatura ao Divino Criador, esteve sempre disposto a fazer qualquer sacrifício; sujeitar-se-ia mesmo a um tormento, por maior que fosse. Constantemente fazia lembrar a seus filhos espirituais que Deus os tinha chamado para a salvação das almas. Não raro repetia: "Os mais infelizes dos homens são os pecadores, pois, longe de Deus, só existe o negror de nuvens perigosas". Abraçava qualquer criatura humana, fosse santo ou pecador, pobre ou rico, feliz ou desgraçado. Eram todos filhos de Deus, portanto seus filhos também: tinham lugar em seu coração. Levava o seu abraço a todos que lutam e sofrem neste mundo de provações. Considerava-se um caminhante que conhecia a casa do Pai; e para a luminosa casa paterna tinha sempre voltado o pensamento, em que envolvia todas as pobres criaturas.

O Santo manifestava sua caridade, sua imensa caridade, por meio de obras, e não somente por palavras. Seu exemplo edificante de homem de caráter puro encaminhou muitas pessoas para a vida do trabalho honesto e da perfeição cristã.

Lutador incansável, tinha no coração a chama do amor de Deus, que não se apaga nunca. Sabia que sem amor nada se constrói de firme e duradouro. Pensava como o Apóstolo São Paulo: "Se eu falar as línguas dos homens e dos anjos e não tiver amor, serei como o metal que soa ou como o sino que tine". Mas ele tinha o amor dentro do coração. Por isso mesmo, sua palavra não se assemelhava ao barulho ensurdecedor dos metais, nem ao badalar dos sinos: foi um harmonioso instrumento da conversão dos pecadores e salvação das pessoas na terra.

Tu não és belo

Francisco, na sua humildade e pobreza, era sedutor. Na rua e na praça pública atraía todos os olhares e atenções. Estava sempre rodeado de admiradores. Muitos o seguiam de cidade em cidade, não medindo sacrifícios, prontos para aclamá-lo. Frei Masseo, seu querido companheiro, não compreendia muito bem o motivo de tanta admiração do povo pelo pobre frade. E, um dia, não se conteve e com muita sinceridade assim lhe falou: "Francisco, tu não és belo; bem poucos, decerto, são os teus predicados físicos. Magro, tu não tens a elegância e o porte dos cavaleiros. Não és homem de grande sabedoria, nem de elevada nobreza. Pobre, sem nada para dar aos outros, pois nem para a tua própria subsistência possuis o necessário, como podes receber tantas homenagens? Como podem essas criaturas acompanhar-te, dispensando-te as maiores atenções? Dize-me: onde estão os teus encantos? Não consigo ver tuas altas qualidades. Mostra-as, por favor".

O Pobrezinho ficou admirado. A princípio, não dirigiu palavra alguma ao irmão querido. Depois, resolveu responder-lhe, como se lhe pedisse perdão. Procurou, da maneira mais humilde, mostrar-lhe sua fraqueza e miséria de homem, de pequenino ser mortal, sempre frágil e muitas vezes inútil: "Nada sou, nenhum valor tenho, em verdade. Desprezível filho da terra, fui escolhido sem nenhum merecimento como instrumento de Deus para fazer algo em favor dos homens que nas trevas caminham, sem rumo certo e sem direção segura. Não passo de fraquíssima criatura humana; mas, dentro de minha fraqueza, sinto-me destinado por Deus a iluminar o caminho do céu. Louvado, pois, seja o Senhor pela graça que me foi dada! Reza, Frei Masseo, e pede para que eu possa corresponder à vontade divina. Seja eu, na minha pobreza e insignificância, jardineiro do amor para levar flores ao altar de Deus".

Francisco foi um ser realmente excepcional, figura muito impressionante, pois, praticando atos de verdadeira heroicidade, considerava-se pequeno, fazendo-se o servo dos servos. Quando os louvores o envolviam, abismava-se em si mesmo e dizia que, se Deus houvesse dado a um ladrão tantas graças quanto a ele, o ladrão, sem dúvida, seria melhor e mais agradecido que ele. E poucos souberam agradecer de modo tão elevado. Em sua vida intensa e cheia de árduos trabalhos, agradecia sempre. Agradecia, mesmo porque se julgava um homem feliz, privilegiado pelas graças que recebia. Foi um milionário singular, porque o foi dos divinos dons. Correspondeu a tudo o que do alto recebeu, movido por um amor imenso a Deus.

Sua oração, sempre de adoração ao Senhor, mostrava-se ardente. Seu pensamento nunca se apartava da grande luz divina. Vivia em contínuo enlevo. A vida lhe era uma prece ininterrupta. Muitas vezes, para subtrair-se à importuna distração, nas mãos escondia o rosto. Suas preces, em público eram edificantes, sem exagero, contudo. Nunca se lhe notou, em nada, o menor vislumbre de ostentação. Não fosse ele a própria simplicidade! Com o pensamento a toda hora voltado para o Senhor, percebia, entretanto, tudo o que se passava no mundo. Espírito profundamente realizador, jamais fugiu da realidade. Não sentiu tibieza alguma na realização do seu incessante, imenso trabalho. "Passava da prece à ação, sem distinguir os dois momentos". Mesmo porque a ação para ele era a inspiração da prece. O seu trabalho era a consequência lógica da sua oração.

Um homem como Francisco, que tão intensamente amava a Deus e ao próximo, não podia deixar de ser homem de ação e de oração. É neste sentido que foi verdadeiramente heroico. A oração decerto levou-o à prática da mais pura caridade, encurtou-lhe o caminho que o levaria ao Senhor. Rezava, pois não esquecia a palavra do Evangelho: "Importa orar sempre, e não cessar de o fazer" (Lc 18,1).

Nessas ocasiões, tinha, às vezes, pressentimentos verdadeiramente impressionantes. Revelações que lhe vinham do céu. Após a volta do Egito, passando alguns dias na pequena cidade de Celano, convidaram-no a jantar na residência de um militar, homem deveras afável. Ao entrar no lar acolhedor e simples, rezou com fervor cercado por toda a família que se achava ali reunida. Logo depois da prece, preocupado, chamou o dono da casa para uma conversa em particular. Disse-lhe caridosamente, procurando confortá-lo: "Vim jantar contigo, amigo; desejei estar ao teu lado nesta noite. Entretanto, Deus, em sua infinita sabedoria, resolveu levar-te. Hoje mesmo estarás na eternidade para o recebimento de um prêmio que mereces pela tua conduta de bom cristão, de homem reto e caridoso. Confessa agora, de coração contrito, os teus pecados a um sacerdote e nada temas, pois infinita é a misericórdia de Deus".

O homem obedeceu sem relutância: confessou-se de coração, pôs em ordem as coisas de sua família e entregou-se inteiramente à vontade do Senhor. Logo depois de iniciada a refeição, foi realmente colhido pela morte.

Francisco, agraciado que fora com a visão ulterior dos acontecimentos, vivia à luz de uma fé profunda, sempre confiando na misericórdia divina. Compreendia os homens que não falavam e entendia os pensamentos de muitas pessoas que sofriam em silêncio. Levava conforto aos torturados do espírito de maneira surpreendente. Um dia, ao passar ao lado de um frade ainda jovem, seu companheiro de convento, disse-lhe, inesperadamente: "Coragem, caríssimo: não temas e não te angusties ante as tentações que não te fazem mal à alma e com minha licença dize sete pais-nossos cada vez que elas te atormentarem". O religioso, que sofria terrivelmente, temendo sempre o pecado, ficou perplexo, a princípio, ante o olhar penetrante que assim lhe devassava a alma; logo depois, sentiu-se feliz com as palavras que ouvira e que aliviado de um grande peso, na certeza de estar agradando a Deus ao suportar tantas tentações, o que se convertia em méritos para a vida eterna.

O olhar de quem ama verdadeiramente a Deus pode penetrar fundo, bem fundo no coração. E Francisco amava fervorosa, encantadoramente a Deus, a cujo reino de luz procurava conduzir todos os homens, mesmo os maiores pecadores.

Perfeita alegria

A Ordem dos Frades Menores ficou instalada na Porciúncula, junto da pequena igreja de Santa Maria dos Anjos. Dessa cidadela do amor, os religiosos irradiavam o bem em pregações e trabalhos apostólicos. Dois a dois, constantemente percorriam muitas regiões. Transpondo os muros de uma cidade ou entrando em qualquer castelo, em uma povoação ou em alguma casa, não tinham grande retórica a exibir, nem atos grandiosos a realizar, mas apresentavam-se com a saudação costumeira, que lhes brotava, singela, do coração: "O Senhor vos dê a paz".

Bem certo é o que diz V. G. Dal Gal: para cada sofrimento eles possuíam uma palavra fraterna, para cada aflição uma doce esperança, para cada erro um convincente chamado à penitência, ao perdão e à paz. Servos de todos, não davam ordem a ninguém e, submissos a todos, procuravam invariavelmente o último lugar. Muitas vezes, eram tidos como homens subversores ou hipócritas. Injuriados e maltratados, respondiam sempre delicadamente com a serenidade de seus semblantes, com a doçura de seus gestos e, inclinando docemente a cabeça, prosseguiam tranquilos, com imperturbável alegria de coração. Acontecia com frequência, nas longas caminhadas, não encontrarem um teto hospitaleiro e assim passavam a noite ao relento ou em qualquer abrigo. Algumas vezes, procuravam repouso nos hospitais dos leprosos, consolando-se com o pensamento de que, tornando à Porciúncula, teriam o carinho confortador e amigo de seus irmãos e as melhores bênçãos de Deus.

Certa vez, Francisco, em companhia de Frei Leão, fazia uma viagem a pé de volta à sua querida terra natal. Viajavam os dois penosamente, caminhando sobre a neve que cobria todas as estradas da vasta região da Úmbria. Rezavam mentalmente, fazendo longas meditações sobre as verdades evangélicas. Iam a pequena distância um do outro. Em dado momento, Francisco interrompeu a oração e fez a seu querido companheiro uma inesperada pergunta: "Irmão, a alegria perfeita em que consiste?". E antes de ouvir qualquer resposta, acrescentou: "Uma vida irrepreensível, cheia de atos de grandes méritos, não traria ao religioso a perfeita alegria".

Caminharam mais um pouco, e logo adiante o Santo tornou a falar: "Se tivéssemos o dom dos milagres e pudéssemos restituir a vista ao cego, fazer o paralítico andar, o surdo ouvir, o mudo falar e até mesmo se ressuscitássemos um morto, não teríamos com isso tudo em nosso coração a maior de todas as alegrias".

Depois de alguns passos dados em silêncio, Francisco virou-se para o amigo dileto e disse: "O poder de conseguir muitas conversões, a sabedoria, a eloquência, o conhecimento exato das Escrituras e de todas as línguas não nos dariam a perfeita alegria".

Frei Leão ouvia sem compreender muito bem as palavras do pai espiritual, que prosseguiu: "Se pudéssemos saber tudo o que existe no universo, devassando o espaço infinito, com o conhecimento do curso dos astros e dos planetas, se descobríssemos os tesouros da terra e do mar, numa visão perfeita das maravilhas da natureza, ainda assim não teríamos uma alegria imensa que nos inundasse o coração".

Emocionado e curioso, o bom e paciente religioso, companheiro de jornada do Pobrezinho, com os olhos no céu ousou perguntar: "A perfeita alegria então em que consiste?". E o Santo replicou: "Estamos não muito longe do convento e sentimo-nos cansados, mais do que cansados, exaustos, quase mortos da dura caminhada. Vencendo-nos a fome e a fadiga, vamos bater à porta do nosso convento, ansiosos por confortável abrigo e delicioso pão. Esperamos carinhosa acolhida, mas acontece que o porteiro, um novo e cruel porteiro, não quer receber-nos. Tomando-nos por malfeitores, lança contra nós os mais pesados insultos, dizendo: 'Sois ladrões, vagabundos, malfeitores da pior espécie'. Procuramos humildemente explicar a nossa qualidade de religiosos e de filhos da casa, mas é tudo inútil, pois ele investe contra nós dois e furiosamente nos agride com pau e chicote, atirando-nos brutalmente no chão coberto de neve. Pisando-nos sem dó nem piedade, deixa-nos fora, ao relento, sem abrir-nos as portas. Se, em face desse tristíssimo acontecimento, diante de uma tão grande aflição, a nossa atitude for de humildade, se o nosso comportamento nessa hora duríssima da vida revelar claramente resignação e calma, se recebermos a dor cruel em união com Cristo Nosso Senhor, sem queixa nem revolta, sem murmúrio nem lamentos, se recebermos a crueldade do insulto e a ignomínia da ofensa, sem protesto algum, antes elevando o pensamento bem para o alto, num sentimento de profundo amor a Deus e ao próximo, teremos então, só aí, Frei Leão, a graça imensa da alegria perfeita".

Esse diálogo entre Francisco e Frei Leão é página de grande beleza e de profunda filosofia. O pensamento que aí domina seria compreendido pelos antigos filósofos que colocavam a verdadeira alegria nas alturas de uma vida de perfeita resignação.

É certo que entre todas as graças do Espírito Santo, concedidas e dadas por Jesus Cristo a seus amigos, nenhuma é mais preciosa do que a da renúncia. O maior dom de Deus é o da vitória sobre o amor próprio. Feliz, imensamente feliz, é quem suporta todos os sofrimentos por amor de Deus, em união com o divino Salvador.

Admirável o Santo de Assis! Aceitou os percalços e as vicissitudes da vida presente, numa demonstração de coragem e de inabalável fé. Esteve pronto sempre a aceitar tudo, tudo mesmo, das mãos de Deus, dando decidida prova de perfeição cristã, colocando-se bem dentro da virtude da humildade, bem ao lado daquele que disse: "Aprendei de mim, que sou manso e humilde de coração".

Preceito do amor

Os homens que não sabem amar são aqueles que só veem no mundo o que lhe pertence ou pode pertencer, os que se autocontemplam com insano embevecimento, os que se adoram, os egoístas, numa palavra. Esses não sabem amar, pois não se voltam fraternalmente para ninguém e não vacilam mesmo em sacrificar os outros à sua conveniência. Desprezam a condição essencial para a eterna salvação, que é a caridade para com os seus semelhantes, caridade que deve manifestar-se por obras tanto corporais, como espirituais. Não amam a Deus, pois amá-lo é observar os divinos mandamentos e, sobretudo, prestar desinteressado e constante serviço ao próximo. E eles nada sabem fazer nesse sentido. O egoísta coloca a sua mesquinha pessoa sempre em primeiro plano. Enriquece-se à custa de muitos para proveito seu, unicamente seu. O egoísta impenitente está, assim, a caminho das trevas, condenando-se, por si próprio, com as ações que pratica.

Do preceito de amar a Deus e de amar ao próximo, Jesus Cristo fez um único mandamento. Sem o cumprimento desse primordial dever, ninguém poderá ingressar no céu.

Francisco, o santo da renúncia, visceralmente contrário ao egoísmo, sempre o exemplo vivo do amor, mostrava sem cessar, nos seus atos, o amor imenso de Deus. Esse amor de Jesus Cristo que anima e consola os humilhados e ofendidos, cura os enfermos, restitui a vista aos cegos, perdoa a mulher adúltera, lava os pés dos discípulos e derrama o próprio sangue pela redenção da humanidade.

Francisco orou incessantemente, durante toda a vida, pelos homens infelizes que, na ânsia, na cegueira dos prazeres do mundo, mais e mais se afastavam do caminho do bem. Desejou sempre a conversão dos pecadores.

É conhecido o episódio de uma senhora, piedosa e rica, que um dia se dirigiu ao Pobrezinho, suplicando-lhe que a auxiliasse na tribulação em que se encontrava por causa do marido, homem egoísta e mau, que só pensava em si, sem nenhum amor ao próximo e sem o mais leve temor de Deus: "Venho pedir-te, humildemente, orações para meu marido, que vive na abundância dos bens terrenos e que de pessoa alguma se lembra para a prática do bem". "Vai em paz e fica certa e segura de que, quanto a ele, muito breve estarás consolada. Dize-lhe, porém, da parte de Deus, de minha parte, que agora é tempo de misericórdia, mas depois será o da justiça."

O homem insensível ouviu com atenção as palavras de advertência que lhe foram transmitidas. E meditou profundamente a respeito da justiça de Deus. Compreendeu claramente, nesse instante, que a vida presente é efêmera, um relâmpago em face da eternidade. Convenceu-se de que devia amar os deserdados, os que lutam e penam ao longo dos ásperos caminhos. Mudou imediatamente de vida, passando a fazer penitência. Abriu as mãos em generosas dádivas, acudindo aos indigentes e sofredores da vasta região da Úmbria.

Mas há homens que resistem à graça divina, obstinando-se na senda do erro. E é bem o caso de um eclesiástico de Rieti. Moço bonito e inteligente, de nome Gedeão, devia, como religioso, ser exemplo de grandes virtudes para os outros homens. Mas desviou-se do bem e da honra, enveredando pelo lado fútil dos prazeres mundanos. Aconteceu a esse tresloucado cair gravemente enfermo. No leito de dor, com os movimentos todos tolhidos, mandou chamar Francisco e, chorando, suplicou-lhe uma bênção que o tornasse sadio e apto para o trabalho o mais depressa possível. Parentes do mísero doente pediram também por ele. Em resposta, assim falou o Santo: "Gedeão, como, tendo tu vivido até agora segundo a concupiscência da carne e sem temer os juízos de Deus, posso eu traçar sobre ti o sinal da santa cruz? Mas, pelas devotas súplicas dos que por ti intercederam, vou abençoar-te em nome do Senhor; porém, fica sabendo que deves esperar castigos ainda mais graves se, depois de curado, voltares novamente ao pecado, porque a ingratidão sempre atrai sobre si mais graves punições".

Voltando-se para o alto, fez o sinal da cruz sobre o doente. E este, ante a perplexidade de todos, pulou da cama, exclamando: "Estou curado!". Mas, infelizmente, o homem que devia levantar as mãos para agradecer a Deus a graça recebida mostrou-se, alguns dias depois, muito ingrato, esquecendo-se inteiramente da advertência do Santo. De maneira incrível, voltou-se às antigas imoralidades. Tantas coisas fez ele e a tal ponto chegou, que foi duramente atingido pelo castigo divino. Aquele que deveria fazer resplandecer a luz da fé e da verdade pereceu no pecado, punido unicamente por seus próprios erros. Afirma Tomás de Celano que "Gedeão pernoitava na casa de um cônego, quando o teto desabou; os habitantes da casa ficaram todos incólumes, só Gedeão perdeu a vida sob as ruínas".

Francisco, verdadeiramente bom e puro, jamais desejou o castigo a este ou àquele, mas Deus permite que a criatura humana seja vítima de sua própria maldade.

O Santo desejou sempre levar os homens todos à prática do bem. Incessantemente procurou afastá-los do egoísmo e da sensualidade para livrá-los das funestas consequências do mal. Tudo fez pela conversão dos pecadores. E assim procedia com amor, na luz que lhe inundava o coração. Com amor, com muito amor pediu a seus filhos espirituais que ensinassem aos transviados, não apenas com palavras, mas dando-lhes o exemplo, vivendo perante eles um dos mais comoventes ensinamentos do Evangelho.

Ordem Terceira

Francisco, o patrono da humildade, viveu de maneira perfeita. Procurava unir-se sempre mais e mais a Deus Nosso Senhor: abandonando os bens terrenos, entregava-se inteiramente à vida espiritual. Cuidava muito da alma, descuidando-se do corpo, do seu pobre e desfigurado corpo coberto de simples e grosseiras vestes.

Homens rudes e letrados, operários e comerciantes, ricos poderosos e humildes trabalhadores do campo pediam-lhe para segui-lo naquela mesma vida e revestirem-se do tosco burel. Francisco aconselhava a quase todos a não se afastarem de seus lares, devendo cada um procurar a santificação sem mudança de estado. Contudo, ocorreu-lhe, em 1221, uma ideia: fundar uma terceira milícia destinada a homens e mulheres que, sem deixar a própria família e sem renunciar às propriedades, pudessem trazer um apoio mais forte a seu generoso ideal de paz, de confraternização da família cristã. Sempre desejou o Santo a paz a todos, idealizando, por isso, a Ordem Terceira, ainda como instrumento de concórdia e de bem-estar social.

À Ordem Primeira dos Frades Menores incumbia o apostolado da palavra e do exemplo na Igreja; à Ordem Segunda, das Pobres Damas, o sacrifício e a imolação no claustro; e à Ordem Terceira, a nobre missão de reavivar nas consciências a honestidade dos costumes e os sentimentos cristãos da paz, da serena fonte da justiça, da caridade e do amor.

Nesse mesmo ano de 1221, Francisco fundou a Ordem Terceira, que, constituída de homens e mulheres de todas as classes, teria como lema aquelas insubstituíveis palavras da Primeira Ordem: *Pax et bonum*. Chamou-se, a princípio, Ordem Terceira dos Irmãos e Irmãs da Penitência; hoje é mais conhecida por Ordem Terceira Franciscana. Trata-se de uma sociedade cujos membros, vivendo no mundo, esforçam-se para alcançar a perfeição cristã, na fiel observância das sagradas leis do Evangelho. Os terceiros religiosos, solteiros ou casados, clérigos ou leigos, professam a fé católica e vivem em espírito de pobreza e obediência à Igreja, praticando fervorosamente atos bons e nobres. Podem permanecer no mundo, sem que façam, entretanto, parte dele.

A Ordem Terceira significa, assim, excelente escola de aperfeiçoamento espiritual. Para alguém ser admitido nela, necessário se faz, conforme a sábia exigência de São Francisco, a observância exata das leis de Deus e da Igreja. O terceiro franciscano deve evitar, por todos os meios, a frequência a eventos e espetáculos vulgares, bem como de qualquer divertimento demasiado mundano e imoral.

Determina a regra seráfica, ao terceiro, vida humilde, de mortificação, santificada pela prece e boas obras, sustentada sempre pelos sacramentos da Confissão e da Eucaristia. Compara certo escritor contemporâneo a vida dos terceiros franciscanos à dos cristãos dos tempos apostólicos: vida útil, de oração e de apostolado, que de perto segue a de Jesus Cristo Nosso Senhor. O espírito franciscano conduz-se todo no sentido de que os irmãos e as irmãs encaminhem-se, em pensamentos e obras, para a concórdia, o amor e a paz, seguindo, observando a mais simples e mais sublime das leis: a lei divina.

Não se pode falar da Ordem Terceira sem mencionar o primeiro franciscano dessa venerável Ordem, que se chamava Luquésio e residia em Poggibonsi, entre Sena e Florença.

Homem áspero e ambicioso na mocidade, tornou-se, depois, bom e generoso; dando muito dinheiro aos pobres, consagrou todos os seus lazeres às obras de misericórdia. Ele e sua esposa Bona Dona foram atraídos por Francisco para a vida da perfeição cristã.

Contam-se coisas notáveis a respeito desse bem-aventurado casal. A Luquésio, já convertido, generoso, mão-aberta, opunha-se Bona Dona, essencialmente usurária. Ela via, indignada, as prateleiras do marido, negociante, esvaziarem-se de quando em quando em dádivas e esmolas. Um dia (memorável na vida dos dois), protestou com veemência contra a magnanimidade do esposo. Mas a indignação transformou-se em pasmo quando, humilde e comovida, percebeu o milagre das prateleiras, que, à sua vista, misteriosamente se enchiam de novo.

Outro dos terceiros da primeira hora, o advogado Bartolomeu Baro, viveu em Gúbio e Massa Trabaria. Homem inteligente e sagaz, retirou-se de sua rendosa banca de advocacia. Fugindo igualmente ao torvelinho do mundo, apenas teve a sorte de encontrar o Poverello. Desejando levar uma vida de elevação espiritual, recebeu, surpreso e grato, das mãos do pai seráfico, o hábito e o cordão da Ordem da Penitência. Comprometeu-se a pagar pontualmente os dízimos à Igreja e a escrever, em tempo, o próprio testamento para evitar rixas entre os gananciosos herdeiros. E, no último quartel de sua vida, portou-se ele de maneira exemplar, edificando a todos.

Ordem Terceira (2)

O primeiro franciscano da ordem terceira, em Roma, foi Mateus Orsini.

Quem seria esse Mateus? Pertencia à célebre família Orsini. Deixou assinalado o seu nome entre os romanos por serviços públicos de imperecível valor. Fidalgo, de grande mérito intelectual, conheceu Francisco, ficando, desde o primeiro encontro, impressionado e profundamente comovido. Certa vez, convidou o frade de Assis para um jantar. Francisco aquiesceu e dirigiu-se, no dia combinado, à casa do novo e generoso amigo. Chegou à hora marcada, indo, porém, reunir-se aos inúmeros pobres que estavam à espera de alimento nos portões do fundo da suntuosa residência. E ali ficou, sem que ninguém desse pela sua humilde presença.

Surpreso com a ausência do convidado, a quem destinava o primeiro lugar em sua farta mesa, Mateus mandou que os serviçais o procurassem, pois ele não poderia faltar ao honroso banquete daquela festiva noite de verão de 1222.

Depois de longa busca, descobriu-se afinal Francisco entre os mendigos; com eles, muito calmamente, tomava sua refeição. De semblante alegre e jovial, falava-lhes do amor de Deus, das vantagens da pobreza e da grandiosidade da misericórdia divina.

Mateus Orsini, espantado com aquela simplicidade verdadeiramente evangélica, disse-lhe: "Francisco, já que não queres jantar em minha casa, jantarei eu na tua companhia, ao lado dos teus irmãos". E sentando-se junto do grande humilde, com ele participou de uma refeição comovedoramente simples. Sentiu-se satisfeito, pois, em verdade, onde se achava Francisco, tudo se fazia encanto e doçura. Nunca lhe pareceu tão saboroso o alimento como naquela noite, nos fundos de seu palácio!

Daí por diante, tornaram-se bons amigos. Francisco falou ao nobre Orsini da Ordem Terceira, recém-fundada para os homens do mundo, desejosos de uma vida de piedade e santas obras, visando a um aperfeiçoamento sempre maior. Orsini interessou-se deveras pelo assunto; e, pouco tempo depois, recebia o hábito de franciscano, que honrou durante toda a vida. Seu nome se inscreveu entre os primeiros terceiros da Ordem da Penitência.

Francisco algumas vezes fazia mesmo admiráveis profecias. Em casa de Orsini, certa ocasião, acariciando um dos filhos do terceiro franciscano, exclamou, com ar severo e seguro: "Este pequeno será grande no mundo como expoente da Igreja". Realmente, decorridos cinquenta e cinco anos desse acontecimento, o filho de Mateus ascendia ao alto sólido pontifício com o nome de Nicolau III

A Ordem Terceira, constituída desde os primeiros dias por homens de valor, sofreu, contudo, duras provações. Contra ela se voltaram os senhores feudais do Partido Gibelino, que se sentiram prejudicados com a atitude dos que pregavam a paz entre os seus semelhantes, recusando-se, por conseguinte, a proferir juramento e a usar armas contra o direito e a justiça. Sobreveio um verdadeiro delírio de perseguição, muito sofrendo aqueles espíritos bons e retos, cuja falta única era desejar a paz a todos os mortais na caminhada terrena.

A 16 de dezembro de 1221, o Papa Honório III, impressionado com tal perseguição, declarou publicamente que tomava debaixo de sua proteção os irmãos penitentes. Mais tarde, já depois da morte do Santo, outro Papa, Gregório IX, que organizara os religiosos terceiros, ordenava aos bispos da Itália que ajudassem, por todos os meios, os terceiros franciscanos, insurgindo-se energicamente, a 30 de março de 1228, contra os feudatários e magistrados desejosos de obrigar os filhos de São Francisco a fazer juramento militar, fomento de lutas entre irmãos. Com essa atitude decisiva do chefe da Igreja, cessou o movimento perseguidor, e a Ordem Terceira entrou em período de maior progresso, estendendo-se pelas cidades, castelos e aldeias da ensolarada península itálica.

A Ordem Terceira da Penitência abriu sempre suas portas à gente honesta de todas as condições sociais. Homens ilustres, gênios eminentíssimos, dos quais o mundo inteiro tanto se orgulha, pertenceram a essa milícia humilde. O maior poeta italiano, Dante, que viveu bem depois de São Francisco, conta-nos que "tinha uma corda em torno da cintura com a qual às vezes pensava em submeter a fera de pele manchada".

Foram terceiros franciscanos, entre outros cientistas, Galileu Galilei, Galvani e Luigi Alessandro Volta. O primeiro, grande gênio da ciência universal, defendeu o movimento de rotação da terra contra os que o consideravam incompatível com fatos narrados na Bíblia Sagrada. Os outros dois abriram caminho às maravilhosas aplicações que se têm feito da eletricidade desde aquele tempo até hoje.

Mas a Ordem se orgulha, igualmente, de seus filhos pequeninos e pobres, aqueles que passaram pelo mundo de maneira quase despercebida, sem nada terem feito de aparentemente notável, mas que, na realidade, foram grandes pelo heroísmo da sua virtude.

Como a Igreja, ela considera todos os homens essencialmente fraternos, feitos todos à imagem de Deus, e, portanto, todos possuidores de alma imortal. Para São Francisco, não havia, de modo algum, diferença de gênero, etnia, cor, posição social, classe ou nação, pois todas as criaturas humanas são perfeitamente iguais; por todas elas morreu Jesus Cristo na cruz. Para todos aqueles que são justos: brancos ou negros, europeus ou africanos, americanos ou asiáticos, reservou Deus, como prêmio, as glórias da ressurreição final.

Hoje, como nos dias de sua fundação, a Ordem Terceira é de todos. De todos que desejam elevar-se, pois a essência da Ordem é a vida de santidade cristã, que tem por base o espírito do Evangelho.

Jacoba

Jacoba Dei Settesoli viveu nos dias em que viveu São Francisco. Terceira franciscana, levada pelo imenso amor de Deus, uniu-se íntima e espiritualmente ao pai seráfico.

Figura singularíssima essa! Sete séculos decorreram de sua passagem pela terra e sua lembrança se mantém, inalterável, entre os franciscanos. O amor deu um brilho celeste a essa ilustre personagem que veio compor uma página brilhante na história do grande santo. Seus pais provinham de importante família, originária da poética e brava Normandia. Ela era conhecida também pelo nome de Jaquelina. Francisco chamava-lhe o "irmão" Jaquelina, querendo acentuar nela o ânimo varonil da mulher de caráter firme e porte decidido. Era Settesoli por causa do nome do seu suntuoso "Palácio Settesoli", mandado construir pelo imperador Sétimo Severo na extremidade do Circo Máximo, aos pés do Palatino, para ornamento do palácio real dos Césares.

Jacoba enviuvou ainda moça. O marido, príncipe romano da histórica família senatorial dos Amici e Frangipani, morrera em plena mocidade, deixando-lhe dois filhos e um grande patrimônio para administrar. Embora fosse rica e formosa, não tinha ilusões a respeito da vida presente: sabia da precariedade dos bens humanos. Desejou, logo na mocidade, unir-se inteiramente a Deus numa vida de piedade, de trabalho e de amor.

Amor! O sol da graça divina tudo transforma e eleva no mundo. Sem ele, portanto, nada se pode fazer de grande, de duradouro. Feliz quem sente o coração aquecido, abrasado pelo amor de Deus e do próximo, pois atingirá certamente as alturas, mesmo se rastejar entre as misérias terrenas.

Jacoba pediu e alcançou o amor sublime de Deus. Imploremos também nós o divino amor, já que, sem ele, nada conseguiremos realizar neste mundo.

O amor é tudo. Deus é amor. Teve Jacoba a felicidade de encontrar Francisco e com ele demoradamente conversar em Roma, antes de sua partida para o Oriente, em 1219. Encontrou aquele que reviveu o Cristo Nosso Senhor. Dele diz Leonardo Coimbra: "Fonte de ternura, pão das fomes de amor, companhia das solidões remotas e sem fim, lume dos frios do espaço, regaço dos abandonos, abrigo dos voos dispersos perdidos pela amplidão, rumo de pessoas desencontradas, foco do amor onde se reencontram os amigos e as saudades que os milênios separaram... Onda de ternura que toma o molde das almas e, envoltas no afago das suas carícias, as desdobra ao sol de Deus nas praias de além dos mundos..."[1]

O penitente da Úmbria, no primeiro encontro, percebeu a grandeza da alma de Jacoba. Viu a elevação e a pureza de um coração desejoso de voltar-se inteiramente para o eterno Pai. Aquela criatura, nascida mais para os prazeres da terra, poderia viver um ideal de penitência e de santidade, mesmo não deixando o mundo, ao qual a ligavam sérios e complexos problemas.

Fundada a Ordem Terceira, em 1221, Francisco lembrou-se imediatamente de sua amiga romana. Em uma das visitas feitas à cidade eterna, hospedando-se em sua casa, entregou-lhe o cordão e o hábito da penitência para que ela mais facilmente pudesse escalar as alturas da vida espiritual. No dia da solene

---

[1] COIMBRA, Leonardo. *São Francisco de Assis e a visão franciscana*. s.n.t.

profissão, conta-se, Francisco, abençoando Jacoba, ofereceu-lhe um cordeirinho, dizendo: "Como recordação minha, toma este cordeirinho que me doaram aqui em Roma". "Com a sua lã tecerei uma veste para a tua pobreza, pai."

Realmente, um lindo manto foi feito com a lã daquele pequeno cordeiro. Manto que, mais tarde, serviu de mortalha para o Santo.

A patrícia romana, terceira da Ordem da Penitência, progrediu sempre espiritualmente. Ganhou, dia a dia, as alturas de uma vida ilibada. Do pai espiritual ouviu palavras sensatas e elevadas. Aprendeu perfeitamente o senso da medida da justiça no uso das riquezas, compreendendo muito bem que, sem o amor de Deus e do próximo, nada se consegue para a vida futura. Modelo de mulher franciscana, foi paradigma admirável de generosidade e de inteira renúncia. Cristã de verdade, teve profundo amor aos pobres, desvelando-se em obras de misericórdia corporal. Deu de comer a centenas de famintos que perambulavam pelas ruas da grande cidade, conduzindo-os, depois, ao caminho da honra e do dever.

Mais tarde, chamada de Roma com alguma antecedência, teve a ventura de assistir aos últimos momentos do grande estigmatizado. Foi a única mulher que certamente esteve ao lado do pai no dia do seu adeus ao mundo. Depois disso, viveu ainda vinte e quatro anos. Entregou o patrimônio que lhe restava aos filhos, já homens, saindo do suntuoso palácio de Frangipani para uma pequena casa, em Assis, a fim de dedicar-se ainda mais aos pobres. Levava a todos os desvalidos uma palavra de carinho, beijando-os por amor de Deus. E fazia isso como as mães que acariciam e beijam sem receio os filhos prostrados no leito de dor ou de morte. Entre os mendigos, julgava, às vezes, ver São Francisco, o seu inesquecível guia, que, em certa ocasião, à porta da igreja de São Pedro, misturara-se com os desamparados, estendendo a mão à caridade de quem passava.

Ela permaneceu em Assis. Morar junto do suave recanto onde viveu o amado benfeitor, só isso, bastava para reavivar em seu coração, até os derradeiros dias, as inesquecíveis lembranças do doce pai e mestre.

Conde Orlando

São Francisco pregou o amor universal, desejando ardentemente a confraternização de todas as criaturas da terra, sem nenhuma distinção. Quis que todos os homens vivessem em harmonia, como verdadeiros irmãos.

Diz, com acerto, o escritor José de Castro: "Depois de Jesus Cristo, ninguém na terra desdobrou com mais profundo amor a bandeira da fraternidade do que o irmão Francisco, o Pobrezinho de Deus – ninguém. Desenrolem-se os fatos dos grandes benfeitores da humanidade, corram-se, uma por uma, as páginas dos séculos, cortejem-se personagens de todas as épocas e nenhuma delas distingue-se mais e nenhuma se pode rotular com mais segurança com a etiqueta de apóstolo da fraternidade universal".

Ele amou a todos. Teve sempre profundo horror ao pecado; contudo, amou os pecadores, desejando levá-los à penitência e à salvação.

O Santo e seus companheiros levaram por toda parte a palavra divina. Dois a dois, ou em pequenos grupos, faziam obras do mais alto mérito, conseguindo, em conversões memoráveis, orientar muitas pessoas para Deus.

Conta-se que, em março ou em maio de 1213, em viagem que fez, em companhia de Frei Leão, ao condado de Urbino, passou o Pobrezinho, casualmente, por um castelo – o castelo de Montefeltro – todo iluminado pelo sol, onde flutuavam bandeiras e flâmulas. Nesse dia, o castelo estava em festa; celebrava-se a maioridade de um jovem pajem que ia ser sagrado cavaleiro. Em piedosa e, sem dúvida, grandíssima audácia, resolveram os dois religiosos entrar pelos salões adentro. Foram logo rodeados por damas e cavaleiros que, entre curiosos e admirados, indagaram: "Quem são? Quem são?". "Não sabeis?" – diz alguém. "Um é Francisco, filho do rico Bernardone. Abandonou tudo, o mundo e as riquezas, e agora anda em busca de almas para Deus."

Antes que o desinteresse por eles surgisse, Francisco cantou, de maneira admirável, antiga e belíssima canção cavalheiresca, enchendo os recantos do palácio com sua voz, que não era muito cheia, mas suavíssima e de harmonia perfeita. E, a seguir, pregou a Palavra do Evangelho. Falou do perigo que correm os homens ambiciosos, que vivem entregues aos prazeres ilícitos, numa vida de egoísmo e de pecado. Repetiu as palavras de Jesus: "Que adianta a alguém ganhar o mundo inteiro, se perde a própria vida?" (Mt 16,26).

Com o calor de sua eloquência, mostrou que a riqueza em si não é um mal, mas que o mau uso do dinheiro é mal terrível e pode levar muitos ricos à eterna condenação. Pediu a todos que fossem generosos e bons, que entesourassem para a eternidade um capital de virtudes e de boas obras, de fé, de esperança e de amor. Referiu-se à glória imensa que aguarda os justos na vida futura, na pátria da bem-aventurança, onde todos serão inteiramente felizes, pois "Deus lhes enxugará todas as lágrimas de seus olhos; e não haverá mais morte, nem haverá mais choro, nem mais gritos, nem mais dor, porque as coisas anteriores passaram" (Ap 21,4).

Os convidados ouviram atentamente o orador, que falava de modo sereno e firme. Todos, homens e mulheres, ficaram profundamente comovidos e quiseram prestar homenagem condigna a Francisco, beijando-lhe as mãos e o hábito em sinal de admiração e carinho. Dentre os homens, surgiu um fidalgo de alta linhagem: o conde Orlando, senhor de Chiusi, que se mostrou vivamente interessado por uma conversa a respeito de sua própria salvação.

Francisco, amável e prudente, disse-lhe com doçura: "Agrada-me muito o teu desejo, mas durante este dia fica com os teus amigos e alegra-te com eles; depois do jantar, falaremos juntos quanto quiseres". O conde Orlando entreteve-se com os amigos, mas ao mesmo tempo cuidou de que os frades não fossem esquecidos. E, à tarde, voltou a falar a Francisco e com ele manteve longa e benéfica conversa. Conversa esclarecedora e, sobretudo, comovente, da qual resultou uma conversão profundamente sincera. Daí por diante, a vida do nobre de Chiusi foi sempre iluminada pelo sol da graça divina, numa contínua demonstração de firmeza e magnanimidade.

Convertido, Orlando tornou-se grande amigo de Francisco, a ponto de fazer-lhe, um dia, donativo de um monte muito alto, solitário e selvagem, apropriado para quem quisesse entregar-se à contemplação e à prece.

Diante da oferta, o Santo respondeu de maneira atenciosa e humilde: "Senhor conde, mandar-lhe-ei dois dos meus irmãos, a quem poderá ser mostrado o monte de que me fala; e se ele lhes parecer bem apropriado para retiro espiritual, aceitarei com a maior felicidade a sua generosa oferta". Dois irmãos foram, pouco depois, acompanhados de homens do conde Orlando, verificar se em verdade o lugar da doação era propício ao recolhimento. E, como achassem que o monte estava mesmo destinado a um objetivo tão nobre, o presente foi recebido com muita alegria.

Nas alturas do Monte Alverne – que assim se chamava –, foi escolhido um lugar bem ameno, numa parte mais plana, para a construção de algumas casas de taipa, primeiras e humildes habitações franciscanas.

O Monte Alverne, que se destaca solitário dos Apeninos centrais, com cerca de oito quilômetros de superfície e mil duzentos e oitenta e quatro metros de altura, ficou fazendo parte integrante da vida de Francisco. Nesse local, bem perto do céu, deu-se, nos últimos anos da vida do Santo, sublime e extraordinário acontecimento.

No mesmo castelo de Montefeltro, naquele mesmo dia de outono do ano de 1213, dia de festa e de esplendor, outra conversão, talvez maior e mais alta do que a do conde Orlando, realizou-se. Narra certa crônica da época que um guerreiro, homem afeito unicamente aos combates e torneios sangrentos, ao ouvir os ensinamentos divinos, trocou a espada pela cruz, despindo a armadura para revestir-se do hábito de humilde religioso franciscano. Eis aqui a narrativa de Durval de Morais:

> Idade Média. Em festa o senhorial castelo.
> Terminara o torneio. A rosa da alegria
> inebriava os salões. Sobre um vil escabelo
> São Francisco de Assis pregava. Anoitecia.
>
> "Generosos barões, flor da cavalaria,
> trago-vos um ideal mais eloquente e belo:
> a vida em vez da morte em eterna enxovia,
> a cruz do Salvador em lugar do cutelo.
>
> Vitorioso herói sem ódio e sem receio,
> cavaleiro de Deus e da santa humildade,
> os homens irmanar Jesus ao mundo veio..."
>
> Contam que, do luar à etérea claridade,
> o feroz vencedor do sangrento torneio
> a armadura trocou por um burel de frade.

Bênção de São Francisco

Os companheiros de São Francisco, todos, sem dúvida, dignos da maior admiração, legaram-nos muitos exemplos cuja beleza o tempo não consegue diminuir. Alguns se distinguiram de maneira tal que se tornaram realmente célebres. Entre estes, cita-se Frei Egídio, que acompanhou o Pobrezinho logo no início do seu apostolado. Entrou cedo para a Ordem e nela permaneceu como valoroso combatente da causa do bem, sendo chamado pelo Santo o seu cavaleiro da Távola Redonda. Paciente e humilde, mostrou-se, às vezes, de extrema franqueza com os altos dignitários eclesiásticos e potentados da época. Pequeno e santo, palmilhando de maneira firme e denodada o caminho da virtude, revelou-se sempre profundamente sincero.

Conta-se que, em certa ocasião, dois ilustres cardeais foram visitá-lo e, ao despedir-se, recomendaram-se às suas preces. "Minhas orações valem muito pouco, e os senhores, garanto, estão seguros de que irão diretamente para o céu." "Como assim?" – perguntaram-lhe, admirados, os visitantes. "Ora!" – respondeu-lhes com branda ironia Frei Egídio – "Os senhores possuem todas as riquezas e honrarias deste mundo; devem, por certo, ter esperança de que serão salvos... Eu, no entanto, apesar de levar uma vida de humildade e pobreza, temo, confesso-lhes com sinceridade, pela minha salvação. Rogarei, não há dúvida, pela eterna felicidade de ambos; mas sigam o exemplo de Nosso Senhor Jesus Cristo, que, com a cruz aos ombros, subiu as encostas do Calvário."

Egídio viveu longamente, morrendo muitos anos depois de São Francisco. Distinguiu-se, principalmente, pelo dom da contemplação. Homem simples, de uma candura impressionante, pôde alcançar sem esforço as luminosas alturas da vida espiritual. Um dia, já muito velho, encontrou-se com o padre geral de sua Ordem, o teólogo São Boaventura, e dialogaram:

– Meu pai, podemos ser todos salvos, tanto os ignorantes como os sábios?

– Sim, sem dúvida, caríssimo irmão.

– E um homem que não é letrado pode amar a Deus como outro que o seja?

– Um ignorante, muito ignorante mesmo, acha-se em estado de amar a Deus ainda melhor do que um professor de teologia.

Egídio, depois desse curto diálogo, sentiu-se muito feliz e chamou outros irmãos para que ouvissem o que ia dizer. Disse bem alto:

– Uma pessoa ignorante, sem instrução alguma, e que nem mesmo saiba ler pode amar a Deus, e amar muito mais que um sábio, como o nosso grande Boaventura!

Frei Egídio, religioso de excelsas virtudes, ocupou lugar de honra entre os primeiros franciscanos. Partiu para a eternidade, unindo-se ao Mestre querido, no dia 23 de abril de 1262.

Outro companheiro admirável de São Francisco, Frei Pacífico, que antes se chamava Guilherme Divini, o rei dos trovadores, poeta verdadeiramente inspirado, percorreu muitas regiões da Europa, sempre aplaudido e elogiado por todos os cultores das letras e da música. Conseguiu destacar-se na corte de Frederico II não só por suas altas qualidades de poeta, mas também por sua impressionante figura de gentil-homem. Recebendo louvores e palmas, Divini, contudo, não se sentia feliz.

Certa vez, ao cair da tarde, entrou, preocupado e triste, na igreja de Macerata, não para orar, mas apenas para proporcionar ao seu atribulado espírito um momento de reflexão e de calma. Ao penetrar no templo, estranhou o grande número de fiéis que nele se achava. Viu, logo depois, um pobre frade que subiu ao púlpito para falar de Deus, fazendo-o de maneira singela e transparente. "O prazer do mundo" – disse ele a certa altura – "é de curta duração, mas eterno é o castigo que se lhe segue. O sofrimento nesta existência pouca coisa é, mas a felicidade na outra é a vida infinita". E perguntou, depois, de modo incisivo: "Ó filhos dos homens, até quando tereis estulto o coração? E por que amais a vaidade e seguis a mentira?". Falou demoradamente, em seguida, a respeito da insensatez da humanidade, que se entrega aos efêmeros prazeres do mundo, e mostrou o caminho luminoso da vida de quem se une a Deus. Tais palavras calaram profundamente no espírito do elegante e famoso poeta. Seus olhos voltaram-se para a luz radiosa das verdades eternas. Naquela mesma hora, sentiu o bálsamo da graça divina. Mais tarde, com toda a calma e reflexão, decidiu a respeito de sua vida: seria franciscano. Realmente, alguns meses depois, ingressava na Ordem Seráfica, nela permanecendo sempre como figura de excepcional fulgor.

Depois de uma referência a Egídio e a Frei Pacífico, ainda uma palavra, referentemente a Frei Leão. O frade humilde surge de maneira encantadora nos principais episódios franciscanos. Chamou-o o pai espiritual de "cordeirinho do Senhor". Pela mansidão de sua índole, tornou-se popular e querido de todos. Era confessor de São Francisco. Estiveram sempre juntos; unidos, caminharam para a perfeição, alcançando ambos os cumes da santidade.

Dizem que Frei Leão, numa hora amarga, quando sofria, presa de fortíssima tentação, recebeu uma bênção preciosa, medicamento maravilhoso e eficaz para qualquer doença do espírito.

Escreveu-a o próprio Santo de Assis; e, ao transmiti-la, disse: "Toma, caríssimo irmão, este papel, e até a morte guarda-o com cuidado". Esta foi a bênção, tesouro inestimável, assinado com um simples T (Tau): "O Senhor te abençoe e te guarde; que te mostre a sua face e tenha misericórdia de ti; que volte para ti o seu rosto e te dê a paz. Que o Senhor te abençoe".

Fac símile da bênção de São Francisco

Ainda hoje, é a bênção dada pelo sacerdote franciscano a qualquer pessoa, em qualquer lugar do mundo.

Amor

São Francisco amava o azul infinito, amava a terra, e este intenso amor, com os outros amores, fazia-o verdadeiramente morrer de amor.

A grande felicidade do Santo, no meio dos padecimentos humanos, decorre do seu incomparável amor ao Deus do céu e da terra. Na sua vida, tudo se reduz a esta palavra suave e doce em toda língua humana e que ele gostava de repetir: "Amor". E o amor sublime o fez cantar, cantar sempre. Ninguém, como ele, cantou com mais candura, mais entusiasmo, mais encanto e mais ininterruptamente a beleza de Deus por meio da natureza e a grandeza do sacrifício e do heroísmo pelo amor de Deus e do próximo. O Santo amou o próximo, mesmo porque a essência do cristianismo é o amor nos seus dois inseparáveis aspectos – para com Deus e para com o irmão que luta e sofre no decorrer da existência. Ou amamos o Senhor e o próximo e, então, seremos terra boa e fértil, ou não temos esse amor e, irrevogavelmente, seremos terra pedregosa e cheia de espinhos.

O divino amor é um apelo para as alturas. Francisco viveu nas alturas infinitas do mais puro e sublime amor. É certo que ele abandonou tudo para servir unicamente ao Pai. Teria renunciado a todos os tesouros da terra para mais apaixonadamente abraçar a causa das causas, aquela que o levaria ao céu. Nenhum afeto especial dedicou às coisas perecíveis. Delas se julgou sempre mero depositário. No final de sua vida, como nos primeiros dias da maravilhosa jornada, tinha constantemente nos lábios os versículos dos Salmos e dos Evangelhos, exaltando a pobreza. Dizia: "Para possuir o objeto do meu amor, abandonei tudo; e, a não ser o Senhor de todos os bens do mundo, todos abandonaria por esse amor. Esperava que me trouxesse doçuras e infligiu-me chagas. Meus amigos de outrora quiseram dele desprender-me e eu respondi-lhes: 'Sou escravo do amor. Mais fácil amolecerem-se as montanhas do que me ser arrancado do coração o amor de Jesus Cristo'".

Francisco amou a pobreza por amor a Deus: a pobreza bem aceita, corajosamente enfrentada, a pobreza cristã, que abre mão do falso brilho do mundo. Mesmo em seu leito de enfermo, voltou a falar dos pobres, pedindo aos filhos espirituais que fossem realmente pobres para que mais facilmente se afastassem do orgulho e da vanglória, que arrastam muitos homens ao pecado. Mas ele fazia distinção da pobreza, separando-a da miséria, mostrando que Jesus Cristo pregou a pobreza e não a miséria. Essa chaga social é um mal imenso, ocasionado pela crueldade dos homens que não seguem os preceitos evangélicos. Jamais existiria a miséria aviltante se a doutrina cristã fosse praticada por todos os homens. O grupo da sociedade que não combate o estado de penúria de pobres criaturas humanas não pode ser um grupo cristão de verdade; cristão terá apenas o nome.

A pobreza que Francisco não estimou e que jamais compreendeu é essa dos pobres seres humanos abandonados, folhas caídas e pisadas ao longo das estradas da vida. É a dos que se sentem morrer lentamente, dentro de si mesmos, pouco a pouco, como lâmpadas às quais faltou azeite. Ele não podia compreender a miséria, a miséria negra. A que está no desespero, no abandono e na maior humilhação. A que fere e depaupera, a autêntica e prolongada fome que leva a morte às próprias crianças e aos que vivem nas favelas e mocambos ou em andrajos percorrem as ruas das cidades.

Francisco pediu encarecidamente a todos que tudo fizessem pelos desvalidos, pelos que caíssem na indigência, dando-lhes com fartura, sempre com a mais franca generosidade, pois, assim, estariam dando ao próprio Jesus Cristo. Na pessoa do pobre está a pessoa do Senhor: aquela carne desnutrida, aquela face contrafeita pelo padecimento é a carne e a face do Cristo. Ele mesmo o afirma: "Na verdade vos digo que quantas vezes vós fizestes isto a um destes meus irmãos mais pequeninos, a mim o fizestes" (Mt 25,40).

O Santo não desejava que houvesse na terra existência de mendigos. E, quando os encontrava, dava-lhes tudo, tudo – a capa, qualquer presente que tivesse recebido e até mesmo pedaços do seu velho hábito. Declarava: "Tudo isso lhes pertence de direito e eu me consideraria ladrão se retivesse em meu poder o que é deles realmente!". A seus irmãos, aos frades da primeira Ordem, dizia com firmeza toda vez que se deparava com um desses desprotegidos da sorte: "Deveríamos nos envergonhar vendo passar um mendigo. Queremos que nos chamem pobres e todo mundo nos conhece pela pobreza; e aí está um homem muito mais pobre do que nós e a quem pessoa alguma louva!". Quando lhe davam alguma coisa, de pouco ou muito valor, apressava-se em passar às mãos daqueles que estivessem abandonados ou na extrema penúria, dirigindo-lhes sempre algumas palavras de amizade e carinho. Ao fazer um donativo, tinha, às vezes, oportunidade de fazer também um pedido, como aconteceu a um homem que caiu na miséria em consequência de sério desentendimento com o patrão, certo negociante de Assis. Cheio de ódio, queixando-se do negociante, o pobre estendeu a mão a Francisco, que, sem vacilar, assim lhe falou: "De bom grado te darei a minha capa se perdoares a teu inimigo, a esse infeliz negociante que te prejudicou". Como que por milagre, o perdão veio sem demora. O coração daquele homem infeliz comoveu-se com as palavras do Santo, enchendo-se de ternura, e sinceramente perdoou a quem tanto mal lhe fizera.

Francisco nem sempre ocultava de todos os seus atos de caridade cristã. E isso, é compreensível, pois tinha uma intenção elevada. É que, não tendo artifício algum, sendo sempre em tudo natural, espontâneo e singelo, queria que os seus gestos generosos fossem vistos para que pudessem ser imitados. Então, com a doçura que o caracterizava, punha-se a dizer aos irmãos que a doutrina cristã deveria ser mostrada principalmente na prática do bem, a todos lembrando as palavras de Jesus: "Assim brilhe a vossa luz diante dos homens; que eles vejam as vossas boas obras e glorifiquem o Pai que está nos céus" (Mt 5,16).

Francisco atira-se nas chamas

Frederico II, imperador da Alemanha, conseguiu, graças à proteção do Papa Inocêncio III, em 1215, tornar-se rei da Sicília, dominando despoticamente várias regiões da Itália.

O poderoso monarca instalou sua corte, por certo tempo, em Bari. E nessa cidade permaneceu, por ocasião de rigoroso inverno; ouvindo falar de Francisco de Assis, quis conhecê-lo. Ansioso por ver a figura ascética do jogral angélico de Deus, mandou chamá-lo, hospedando-o em seu rico e suntuoso castelo. Instigado por seus ímpios cortesãos, resolveu o licencioso soberano pôr à prova a virtude do filho de Bernardone.

Certa noite, após a ceia, recolheram-se todos a seus aposentos, aquecidos por magníficas lareiras. Mas, Francisco, receoso e alarmado com o luxo do quarto de dormir e pressentindo algum perigo, voltava, sem cessar, seu pensamento a Deus, pedindo misericórdia. Em dado momento, antes que se despisse de seu tosco burel, sentiu algo de estranho e divisou formosa mulher que a ele se dirigia com desmedida lascívia, envolvendo-o em sensuais carinhos e tentando, assim, levá-lo ao pecado contra o sexto mandamento da Lei de Deus.

Temendo o despertar inesperado da paixão, não obstante soubesse que acima da carne paira a alma imortal tocada pela graça divina, atirou-se à lareira, sendo logo envolvido por um fogo vivíssimo e purificador.

Vendo-o em chamas, impressionante tocha humana, a messalina, aos gritos, correu para fora do quarto, pedindo socorro.

Frederico, tomado de espanto e medo, aproximou-se de Francisco, que, milagrosamente livre do fogo, surgiu ileso diante de todos, confundindo os pérfidos cortesãos que lhe armaram a perigosa cilada.

Conta-se que Francisco de Assis entreteve-se, algum tempo, com Frederico e, discorrendo sobre a doutrina cristã, repetiu-lhe as palavras de Jesus: "Que aproveita ao homem ganhar o mundo se vier a perder a sua alma?" (Mt 16,26). E falou-lhe das vantagens e das bênçãos que a moral e os bons costumes trazem a uma nação.

Sabemos, por meio da história, que a boa semente divina não encontrou naquele homem dominado por duro materialismo terreno favorável, não germinou, pois ele não se converteu. Todavia, não foi inteiramente em vão o colóquio de Francisco com Frederico: mais tarde, em 1221, o imperador baixou severas leis contra os jogadores, os blasfemadores e as mulheres do mundo e contra o fatalismo e os vícios dos hebreus.

Providências de tal ordem, emanadas de quem estava longe de ser piedoso e moralizador, teriam sido possivelmente o fruto do maravilhoso episódio e da conversação havida no castelo de Bari naquele memorável inverno de 1216.

Um irmão franciscano

Nos primeiros dias do franciscanismo, surgiu, entre os companheiros de São Francisco, um homem original que, mesmo revestido do tosco burel – hábito de penitência –, não deixava de mostrar-se alegre, travesso, um perfeito palhaço a perturbar a austeridade da encantadora e humilde Porciúncula.

Quem seria esse ousado e jovial penitente, cuja veia humorística provocava risos e comentários de seus irmãos de ideal?

Era Frei Junípero ou Zimbro, que na franciscana Távola Redonda deixou marcado seu lugar de humorista ao lado do jogral angélico de Deus. Entre os denodados cavaleiros que se batiam pela Dama Pobreza, apareceu esse religioso burlesco que, muitas vezes, procurava dar aos irmãos, de modo expressivo, certas lições de alegria cristã para que eles se lembrassem mais facilmente das palavras do pai seráfico: "Guardem-se os irmãos de aparecerem tristes e sombrios exteriormente, como hipócritas! Mostrem-se, porém, contentes no Senhor, alegres e judiciosamente amáveis".

Ninguém alcança a perfeição evangélica com tristeza e neurastenia. Dentro de um ambiente sombrio não se enxerga o caminho para o alto.

Frei Junípero tudo fazia para trazer o riso e o bom humor à comunidade.

É certo que, quase sempre, ele se saía muito bem das suas brincadeiras, como no caso da sopa que ofereceu ao superior do convento.

Depois de ouvir tremendo sermão (uma verdadeira "bronca") por desatinos que cometeu em tarefa diária, o frade gaiato procurou, horas depois, já à noite, amansar o austero superior.

Junípero preparou uma esquisita sopa com caldo de verduras e frutas medicinais. Revestiu-se de coragem e foi bater à porta da cela do frade que já começara a dormir.

"Meu pai" – disse ele, aparecendo à entrada da cela, com o prato de sopa numa mão e uma vela na outra. "Que é isso?" – perguntou o superior. E Frei Junípero respondeu: "Hoje, quando me repreendeste porque eu havia cometido algumas faltas, falaste muito alto; percebi alteração em tua voz, ficaste rouco, com a garganta molestada. Venho trazer-te, pai, um alimento e um remédio. Peço-te, pois, que tomes esta sopa que te fará bem ao peito, à garganta e aos nervos".

O superior compreendeu imediatamente a intenção desse intempestivo zelo, enfureceu-se e estava a ponto de mandar para os ares o prato de sopa quando ouviu de novo a voz serena e agradável do humilde Frei Junípero: "Pai, já que não queres tomar esta sopa que para ti foi feita com esmero e cuidado, faze-me ao menos o obséquio de segurar a vela que eu irei saboreá-la".

E viu-se, então, que o outro religioso tinha também a alma franciscana: dominou-se, refletiu e cuidou de não ver qualquer impertinência naquele gesto, dizendo a seu amado irmão: "Ora bem, o melhor é que tomemos a sopa juntos".

E, lembrando-se de Francisco de Assis – o qual desejava que o primeiro de seus frades estivesse sempre pronto a ceder o lugar ao último –, pôs-se a considerar a piedade de Frei Junípero e alegremente começou a servir-se da sopa, participando, sem muito apetite, mas com muito bom humor, daquela original refeição, importuna caridade que valeu mais pela lição nela contida do que pelo prazer do paladar.

Fatos como esse não tardaram a tornar célebre o frade humilde e simples, que era inúmeras vezes procurado por pessoas das regiões vizinhas. E, quando o Pobrezinho tinha conhecimento das proezas de Junípero, dizia: "De tais juníperos ou zimbrais quereria eu ter um zimbral, isto é, muitas dessas abençoadas árvores". A alegria cômica, tocada de humorismo e forte dose de virtude, agradava o Santo de Assis.

Na vida franciscana, na prática da penitência, era preciso contrabalançar o esforço, o sacrifício com o riso, tornando alegres as coisas deste mundo para suavizar a jornada terrestre, não raro tão árdua e cheia de percalços.

Abençoado frade esse, que tantas alegrias comunicou a tantos corações franciscanos!

Monte Alverne

A região montanhosa do Alverne não foi conhecida por Francisco na ocasião da doação, mas sim alguns anos depois, em 1215.

Quando o Santo regressou da Espanha, os religiosos, seus filhos espirituais, falaram-lhe com entusiasmo do lugar solitário e alto, adequado, como nenhum outro, ao retiro espiritual. Ele subiu então ao monte pela primeira vez provavelmente em julho desse ano de 1215, em companhia dos Freis Leão, Rufino, Ângelo e Masseo. A Frei Masseo de Marignan conferiu o cargo de superior do grupo, ordenando-lhe que não se preocupasse muito com as necessidades temporais dos viajantes. Ao partir para a áspera jornada, disse: "Nesta viagem, observaremos o nosso costume, isto é, ou diremos o ofício ou falaremos de Deus, ou nos manteremos em silêncio, não pensando nem no que haveremos de comer e de beber, nem onde haveremos de dormir. Somente quando chegar a hora de nos recolhermos esmolaremos um pouco de pão, detendo-nos e repousando em qualquer lugar que Deus nos prepare".

Francisco sentia-se feliz; não tinha nenhuma preocupação de ordem material. Sendo pobre, julgava-se venturoso ao lado da Senhora Pobreza, da pobreza meritória, a daquele que não deseja mais do que aquilo que lhe é dado por Deus. Costumava repetir, com enlevo: "A pobreza é virtude celeste; por ela se despreza tudo o que é terreno e transitório; é a virtude pela qual se eliminam os obstáculos a fim de que o espírito humano possa unir-se livremente ao Deus eterno; a pobreza faz com que a alma, ainda peregrina sobre a terra, conviva com os anjos no céu".

Na longa caminhada da cidade de Assis ao alto do Monte Alverne, passaram os viajantes por diversos lugares, onde foram sempre rodeados por pessoas curiosas ou ávidas da palavra divina. A todos Francisco falava do Reino de Deus, da paz que deve permanecer em todos os corações. Mostrava que "a paz de Cristo é a plena satisfação de uma alma que descansa em Deus, infinitamente bom". Pregava a palavra do Evangelho e, com isso, realizava prodígios. Em Citerna, perto de Burgo de Santo Sepulcro, deu-se um fato triste: enquanto o Pobrezinho falava da grandeza da vida espiritual, uma jovem formosa, mas sem pudor, de vida pervertida, procurava de todo modo perturbá-lo. O frade, humildemente, pediu-lhe que se afastasse, que não o perturbasse naquele trabalho santo.

Inutilmente fez o pedido, pois a moça não o atendeu, continuando a proceder de maneira inconveniente. Em dado instante, a um olhar mais severo do pregador, a pecadora misteriosamente desapareceu; dizem que foi levada pelo demônio.

É certo que Francisco, pacientíssimo, não chamou do céu a punição para a delinquente; mas Deus, de infinita justiça, que recompensa os bons e castiga os maus, serviu-se do humilde religioso para punir a mulher pervertida e má.

Depois, no caminho áspero do Alverne, Francisco suportou duras provações. As tentações assaltavam-no a cada passo. Aquele lugar alto, de majestosa beleza, ser-lhe-ia de muita glória; mas agora, para chegar ao cume, teria de enfrentar até mesmo o diabo, e em luta corporal.

Em Tisi, ao sopé do monte, perto de Capresi, velando, como costumava, em oração, dentro de uma igreja deserta, enquanto seus companheiros dormiam, recebeu do espírito maligno feroz ataque. O santo homem, não podendo fugir da luta, pediu o auxílio de Deus, confiando sempre em Jesus Cristo, Deus feito homem, e que, como homem, também fora tentado pelo próprio Satanás. Ele confiava na misericórdia suprema, repetindo sem cessar os salmos de Davi. Assaltado de diversas maneiras, resistiu a todas as tentações, afastando primeiro os golpes sutis da astúcia, depois os da violência corporal. Repeliu as artimanhas da malícia e as fúrias da diabólica maldade. Escudado na proteção divina, saiu vitorioso de uma terrível luta naquela noite, quando, pela primeira vez, dirigia-se às alturas do Alverne.

A subida do monte tornava-se sempre penosa. Para chegar até bem ao alto, era necessário andar quatro ou cinco horas por caminhos estreitos, bordados de precipícios e de uma ou outra nesga de terra sem vida, sem vegetação alguma.

Dizem que, já ao cair da tarde, Francisco e seus companheiros de jornada sentiram uma sede intensa. Resignados, teriam esperado, sem beber, o chegar da noite. Mas o guia daquela memorável escalada, homem de talhe áspero, quase brutal, falou da sede que o atormentava. E, sem dominar-se, passou a gritar imediatamente: "Tenho sede! Tenho sede! Eu morro se não tiver alguma coisa para beber".

Francisco, que compreendia todas as fraquezas, sentiu-se naquele instante o responsável pela sede que quase enlouquecia o homem que os acompanhava; e, assim, pôs-se em oração: em fervorosa prece pediu a Deus um milagre. Depois, confiado na bondade divina, disse ao violento camponês: "Corre, vai depressa àquela pedra e lá acharás a água viva que Jesus Cristo, neste momento, por sua misericórdia e poder, fez brotar para que não sofras".

O homem, fora de si, apressadamente chegou até a rocha alta e majestosa e encontrou, surpreendido, uma corrente de água cristalina e fresca. Bebeu com avidez e alegria, sentindo-se reconfortado. Evidentemente, a fonte surgiu por milagre de Deus, quando afirmavam todos que, naquela região, naquele trecho do monte, nunca existira fonte alguma. Francisco e os frades também beberam da mesma água abençoada e pura; e prosseguiram na subida do Alverne.

Ao chegar, bem no cimo do monte, foram saudados por um festivo bando de pássaros que, alegres, cantavam e batiam as asas, na mais estranha e ruidosa acolhida.

Perturbou-se o bandido

No Monte Alverne, as aves do céu cercaram Francisco de maneira encantadora e poética. Pousavam-lhe sobre a cabeça e os ombros. Voando e revoando, pipilavam, gorjeavam, incessantemente, num alvoroço indizível, que era de comover.

Vendo tão grande manifestação de amor, tão grande alegria dos amigos alados, mansamente falou o Santo: "Irmãos caríssimos, creio que é agradável a Nosso Senhor Jesus Cristo que permaneçamos neste monte solitário dada a grande alegria que os nossos irmãos pássaros demonstram pela nossa vinda". Os franciscanos sentiram-se felizes, desde logo, nas alturas do Alverne. A solidão do lugar a ninguém assustou. Ponto alto na vida espiritual dos religiosos, o monte, mesmo antes do milagre dos estigmas, surge como expressão de grandeza e santidade.

Da primeira vez que os frades lá se instalaram, deram com um bandido agressivo e perigoso, que quase os fez recuar para as bandas do Monte Casale. Ocupava o malfeitor uma gruta, morada pequena, mas segura, bem ao abrigo do vento e do frio nas noites de inverno. Vivia ali, depois de chefiar terríveis e arriscadas incursões pela vasta região do Cosentino. Salteador audacioso, com as mãos manchadas de sangue, dificilmente seria caçado pela justiça humana nos rochedos salientes que ficavam à beira de abismos insondáveis.

Certo dia, houve um encontro entre o sereno frade de Assis e o perigoso homem das montanhas, ao qual o povo dera o nome de "lobo", porque do lobo tinha mesmo a grande astúcia e a ferocidade impassível e fria; de humano, apenas o aspecto. Ao se defrontar com aquela figura sombria, de sinistro semblante, Francisco disse, como diria a qualquer outro homem: "Irmão, a paz esteja contigo". Veio singular resposta à saudação franciscana: "A paz? Mas eu amo a guerra! A paz? Mas eu gosto é da luta, da agressão e da chacina. Chamam-me de 'lobo'. Além disso, não tenho irmão algum. E tu, quem és? Por que me perturbas no alto do monte, onde procuro refúgio?". "Eu sou Francisco de Assis, pobre servo de Deus. Sou irmão de todas as criaturas. Sou, pois, teu irmão." "E por que vens com teus companheiros neste lugar ermo e triste, que afinal me pertence? Este lugar não é teu, nem dos outros frades que te acompanham." "Realmente não é meu. Eu e os meus frades nada possuímos no mundo. Aqui estamos por algum tempo, pois aqui desejamos fazer meditação e penitência." "Vai-te, frade. Deixa estas paragens antes que seja tarde. Poderei esmagar-te com os meus pés."

Francisco, o Pobrezinho, com seu olhar sereno e firme, dominou o feroz ladrão. Evitando falar, assim se expressou: "Irmão 'lobo', tu terás de começar vida nova e feliz. Irás deixar o crime e a maldade, antes que o castigo divino caia sobre tua cabeça. Deus é a própria justiça e pune os que perseveram no mal. Muda de vida enquanto é tempo, hoje mesmo, peço-te de joelhos. Deixa para sempre a vida de miséria moral e vem comigo. Serás nosso companheiro e terás as riquezas das graças do céu. Terás, entre os religiosos, a felicidade dos verdadeiros filhos de Deus".

Perturbou-se o bandido ao ouvir a voz mansa do incomparável homem de Assis. Ficou confuso e docilmente entregou-se à força do amor. Despojou-se de suas armas. Com sinceridade, pediu a Deus perdão de todos os pecados. E viu-se então o "lobo" tornar-se bom e humilde, verdadeiro penitente. Entrou para a comunidade do Monte Alverne. E, ao receber o hábito e o cordão, chamou-se Frei Cordeiro. Cordeiro foi daí por diante. Na penitência e na humildade, viveu ainda longos anos, dedicando-se ao trabalho de caseiro e guardador das pobres habitações do Monte Alverne.

Como este "lobo" que se tornou "cordeiro", outros homens, pelo exemplo e pela palavra do Santo, tornaram-se bons e humildes de coração. Grande era a responsabilidade de Francisco: louvavam-no a cada passo os habitantes da península. Eis um episódio que bem mostra essa responsabilidade. Voltava Francisco do Monte Alverne para Assis, exausto, não só pela caminhada em dia de causticante sol, como também pela fraqueza de prolongado jejum. Temiam os frades, companheiros de jornada, uma queda do pobre viajante, que a pé não chegaria mesmo de volta à Porciúncula. Sentiram-se felizes quando foram alcançados por um robusto camponês, tipo característico do homem da montanha, que fazia a viagem a cavalo. Pediram-lhe, sem hesitação, a montaria para o pai espiritual.

O camponês, antes de atender ao pedido, perguntou de quem se tratava, a quem deveria ceder o seu cavalo para a marcha já na planície da Úmbria. Disseram-lhe que estavam pedindo em favor de Francisco de Assis. Grande foi a surpresa do rústico homem ao ouvir tal nome. E, ao entregar-lhe as rédeas do animal, proferiu, com toda a simplicidade, esta incisiva advertência: "Não conhecia teu rosto; conhecia-te apenas de nome. Tu és, então, o filho de Pedro Bernardone? Vê bem, falam muito de ti. Dizem que tu és um santo. Trata de fazer tudo para seres mesmo um santo, pois grande é a tua responsabilidade diante dos homens e de Deus. Ai de ti se fores um hipócrita! Desgraçado de ti, pobre mortal, se não fores realmente uma criatura predestinada!".

Francisco, débil, cansadíssimo, aceitou a montaria e recebeu humildemente aquelas palavras ásperas, curvando-se diante do homem ignorante e severo, que o culpava, quase, pelo que dele diziam os outros. Recebeu, comovido, a admoestação e, daí por diante, ainda mais procurou corresponder às graças do céu, subindo mais e mais o caminho da perfeição cristã.

Solidão

A figura do Santo aparece-nos aureolada de luz, de intensa e maravilhosa luz, no monte Alverne. Em sua vida, o célebre monte é capítulo de rara e surpreendente beleza. Aí, nesse retiro abençoado e sereno, ficou ele durante quarenta dias, toda a quaresma de São Miguel, do ano de 1224. Naquela solidão, em que ninguém deveria procurá-lo, fez construir uma pobre e humilde cabana para seu eremitério, pedindo aos frades, seus irmãos de hábito: "Não me procureis e não deixeis que me procurem. Tu somente, Frei Leão, virás uma vez durante o dia me trazer um pouco de pão e outra à noite. Quando chegares à cabeça da ponte, dirás: *'Domine, labia mea aperies'* e, se eu te responder com as palavras seguintes do Salmo, passarás, entrarás na cela e diremos juntos as matinas; se não, voltarás imediatamente".

A rústica e pequenina cela, construída num lugar selvagem, cercada de rochas e de fendas profundas, só era acessível por uma ponte perigosa, lançada sobre profunda garganta. Permaneceu Francisco nessa exígua e pobre morada, prisioneiro de suas orações, caindo muitas vezes em êxtase profundo, adorando a Deus de maneira perfeita e sublime. Dali saía, quando as forças lhe permitiam, para participar da missa em distante capela, onde se achava Frei Leão, seu fiel e dedicado amigo. Na solidão do Monte, teve um único companheiro, despertador original e bom: um falcão que fizera o ninho em frondosa árvore, bem junto do seu solitário abrigo. Da ave da montanha ganhara ele verdadeira afeição. Dizem que todas as noites, à hora em que costumava levantar-se para rezar o ofício divino, o pássaro vinha acordá-lo com o seu canto. Isso causava ao Santo imensa alegria, porque a solicitude do irmãozinho falcão o tirava do entorpecimento, sacudindo-o para o reinício de seus colóquios com o divino Senhor. E quando o pobre e macérrimo Francisco se encontrava mais doente que de costume, o amigo prudente e bom, voando, portava-se com todo o cuidado para não despertá-lo, e só mais tarde, quando era já final do dia, começava o canto, e ainda assim em tom muito brando para que brandamente os olhos do Santo se abrissem.

Na solidão em que desejou ficar, teve difíceis provações. Foi-lhe dura, duríssima a solidão na primeira metade do tempo em que lá permaneceu. Teve sonhos maus e foi muitas vezes tentado pelo demônio com várias e diversas manifestações. Certa vez, quando rezava, viu-se à beira de um abismo sobre escorregadio rochedo. Quis livrar-se da pedra lisa em que pisava, desejou sair do lugar perigoso em que se achava, sem nada conseguir. Apavorado, ao despenhar-se para o profundo precipício, pediu a misericórdia divina. Caiu, mas caiu sobre uma grande pedra, que, ao contato de seu frágil corpo, cedeu, como se fosse de cera, abrindo-se numa espécie de leito fofo e macio. E assim milagrosamente foi salvo. É certo que esse acontecimento se deu, pois dele falaram seus contemporâneos em documento que nunca se pôs em dúvida.

Por transes penosos passou o Pobrezinho, intercalados, contudo, de belos êxtases e visões celestiais. Uma noite, depois de horas de sobressaltos e angústias, teve uma visão profundamente consoladora. Adormeceu já de madrugada, depois de muitas e fervorosas orações, e viu-se cercado de inúmeros anjos. Um deles, resplandecendo de luz, entre nuvens de ouro, tocava em delicado violino maravilhosa e inefável música. No dia seguinte, ainda deslumbrado, disse a Frei Leão que, se o anjo continuasse com os acordes da celeste melodia, ele certamente teria deixado a vida terrena, pois a sua alma ter-se-ia desprendido do corpo para participar das harmonias da etérea mansão.

Santo do amor, ele o foi de verdade, pois a tudo amou de maneira intensa e divina. Desejou que todos os homens se amassem e, sobretudo, amassem a Deus. Para ensinar às criaturas o modo mais fácil de amar o divino Criador, escreveu muitas vezes palavras de comovente beleza. No monte Alverne, durante os dias de seu memorável retiro, deixou, em uma folha de pergaminho, as palavras que chegaram até nosso tempo e que constituem um perfeito hino de adoração. Ei-las:

> Tu és o santo, o Senhor e Deus único que operas maravilhas.
> Tu és o forte. Tu és o grande. Tu és o Altíssimo.
> Tu és o Rei onipotente, o Pai santíssimo, o Rei do céu e da terra.
> Tu és o Senhor Deus Trino e Uno, o bem universal. Tu és o bem, todo o bem, o sumo bem, o Senhor Deus vivo e verdadeiro.
> Tu és a caridade. Tu és o amor.
> Tu és a sabedoria. Tu és a humildade.
> Tu és a paciência. Tu és a segurança.
> Tu és a alegria. Tu és o conforto.
> Tu és a nossa esperança. Tu és a nossa fé.
> Tu és a nossa grande doçura.
> Tu és a nossa vida eterna, o grande e admirável Senhor, Deus onipotente, nosso misericordioso Salvador!

A última permanência de Francisco no Monte Alverne, nesse inesquecível ano de 1224, foi notável por grandes acontecimentos. Saía algumas vezes de sua pequena cabana de ramaria, procurando observar as maravilhas da natureza. O seu maior espanto e a sua verdadeira comoção manifestavam-se em lágrimas ao contemplar o precipício em torno do Alverne, sendo-lhe revelado por Deus que a enorme abertura do colossal bloco de rocha tinha-se produzido por milagre no momento em que o Cristo expirava na cruz. E vinham-lhe à mente as palavras do Evangelho: "E Jesus, tornando a dar outro grande brado, rendeu o espírito. E eis que se rasgou o véu do templo em duas partes de alto a baixo; e tremeu a terra, e partiram-se as pedras" (Mt 27,50-51).

Francisco, cantor de Deus, à beira desse abismo, levantava as mãos para louvar a Deus, que, um dia, na longínqua terra da Palestina, fizera-se homem e que pelos homens morrera dolorosamente na cruz.

As chagas de Jesus

No Monte Alverne, a vida do Pobrezinho foi verdadeiramente sublime, porque foi um viver em Deus. Sentia-se perfeitamente unido ao Senhor num amor que lhe abrasava todo o coração. Consumido por esse grande amor divino, almejava a pátria celeste com tanta veemência, que muitas vezes seu corpo era misteriosamente levantado aos ares. Dá-nos disso testemunho seu fiel companheiro Frei Leão, que, vendo-o assim suspenso no ar, levantado um pouco acima da terra, abraçava-o e beijava-lhe os pés e com lágrimas dizia: "Deus meu, tem misericórdia de mim, pecador, e, pelos méritos deste santo homem, faze-me encontrar a tua graça!". Certa ocasião em que rezava com os olhos voltados para os altos penhascos do monte, Francisco viu, de maneira clara, Jesus Cristo, e com ele conversou longamente a respeito de sua Ordem, de sua querida Ordem menor. Prometeu-lhe o Salvador que seus filhos espirituais não desapareceriam da face da terra e que, nela, permaneceriam até o final dos tempos. Disse-lhe que os franciscanos teriam muitas dificuldades e grandes problemas para resolver, mas que seriam particularmente abençoados. E que grandes e inestimáveis graças do céu receberiam os religiosos de qualquer de suas Ordens que perseverassem na prática do bem.

O livro *I Fioretti* narra outro edificante colóquio do Santo com Deus Nosso Senhor: "Frei Leão, uma noite, ao chegar à isolada cabana, viu que algo extraordinário estava ali acontecendo. Com boa e santa intenção, olhou muito cautelosamente e viu o pai seráfico de joelhos, falando diante de uma deslumbrante chama. Dessa chama, de indizível esplendor, saía uma voz de suavíssimo tom. Frei Leão, perplexo, afastou-se humildemente para mais tarde ouvir de Francisco estas palavras: 'Sabe, irmão, ovelhinha de Jesus Cristo, naquela chama que viste estava Deus, o qual daquela maneira me falava, como antigamente havia falado a Moisés; e entre outras coisas que me disse, pediu-me que lhe fizesse três dons, e eu lhe respondi: —Senhor meu, tu sabes bem que só tenho o hábito, o cordão e uma pobre veste, e ainda estas três coisas são tuas: que posso, pois, oferecer-te, Senhor? Então Deus me disse: — Procura-me no peito e oferece-me o que encontrares. Levei a mão ao coração e encontrei uma bola de ouro e ofereci a Deus, e assim fiz por três vezes, segundo Deus me ordenara. Ajoelhei-me ainda três vezes e bendisse e agradeci a Deus, que me havia dado o que lhe ofereci. Imediatamente pude compreender que aquelas três oferendas significavam a santa obediência, a altíssima pobreza e a esplêndida castidade, as quais Deus, por sua graça, me concedeu perfeitamente observar".

Quando Francisco saía da sua cela, os pássaros vinham rodeá-lo com toda a familiaridade e, cantando, incitavam-no a louvar ainda mais o Divino Criador. E ele louvava, sem cessar, aquele que criou a terra, as constelações e os sóis que ardem pela eternidade. Bendizia aquele que, sendo todo-poderoso, se havia feito homem por seu imenso amor aos homens.

Deus enchia a vida de Francisco, como o sol enche o mundo. Com ele conversava quando descansava em sua pobre cela. Fora, ao ar livre, as grandes árvores do alto monte falavam-lhe dele. Cada pedra, cada arbusto, cada fenda era um ninho de amor, porque mesmo nas coisas inanimadas estava Deus. Dele tudo falava com beleza, desde as gotinhas de orvalho até as mais altas estrelas do firmamento.

Foi nas alturas do Monte Alverne, ao romper de magnífica aurora, que o Pobrezinho fez de maneira comovente um pedido, o seu grande pedido. Desejando ardentemente duas graças de incomparável valia, implorou, de joelhos, com os olhos voltados para o nascente: "Meu dulcíssimo Senhor Jesus Cristo, duas graças te peço que me faças antes que eu morra: a primeira é que em vida eu sinta na alma e no corpo, quanto for possível, aquelas dores que tu, divino Senhor, suportaste na ora da tua acerbíssima paixão; a segunda é que eu sinta no meu coração, quanto for possível, aquele infinito amor pelo qual tu, Filho de Deus, estavas inflamado para voluntariamente suportares tal paixão por nós pecadores".

E o Santo de Assis alcançou essas duas graças imensas, que foram milagre dos maiores que se deram na terra. Ele pôde ver, no céu, um serafim resplandecente de luz que, num voo suave, se lhe aproximou e, com os seus raios vivos, trespassando-lhes os pés, as mãos e o lado direito, imprimiu-lhe no corpo os sagrados estigmas da paixão. Deu-se esse acontecimento sobrenatural por ocasião da festa de Santa Cruz, em setembro de 1224. São Boaventura narra de maneira pormenorizada a mais alta, a mais sublime passagem da vida do grande santo. E o admirável poeta Cleómenes Campos, em primorosos versos, assim a descreve:

> Numa cava do monte, aspérrima e sombria,
> Francisco reza, oculto. E, de bem alto, desce,
> pairando no ar, um serafim crucificado,
> que, à maneira de um sol mais fino, resplandece,
> e em seu resplandecer, manso e manso, lhe envia,
> numa leveza de halo, estranhamente ampliado,
> das seis asas que tem seis abraços de luz.
> Francisco vai sentindo, ao contemplá-lo em prece,

nas mãos, nos pés, no peito (em êxtase, nessa hora),
as chagas do Senhor, do Senhor muito amado.

E enquanto reza, em frente a essa inefável cruz,
mais humilde que nunca, embevecido chora,
vendo que o serafim era o próprio Jesus!

Foi essa a primeira vez que os estigmas da paixão se reproduziram numa criatura humana, fato que a Igreja comemora, todos os anos, com expressiva festa.

Descida do Alverne

Após ter recebido as cinco chagas de Jesus Cristo, Francisco desceu do Monte Alverne, com dores, indizíveis dores, mas trazendo no rosto a expressão de uma felicidade imensa.

Felicidade no meio de indizíveis dores?

Sim, a dor não arranca o Santo ao seu êxtase interior, porque o amor lhe torna doce o próprio sofrer. E ele sabe que, sem dor, não existe redenção:

> No sofrimento, a redenção consiste.
> E amarga embora, parecendo triste,
> a perfeita alegria está na dor.

Assim pôde sentir também um grande poeta que lhe cantou a glória em versos inesquecíveis: Martins Fontes.

Depois do Monte Alverne, o coração do Santo pulsa muito mais feliz ainda; sua vida é outra, mais elevada, mais perfeita: Cristo vive nele sua vida vitoriosa e sublime.

Ao descer a montanha, antes de tomar o caminho que atravessa os Montes Arcoppe, Foresto e Casela, dirigiu rápida e fervorosa saudação aos que ficavam, exclamando: "Vivei em paz, meus amados filhos! Adeus! O meu corpo separa-se de vós, mas deixo-vos todo o meu coração! Vou agora com o nosso irmão Leão, este cordeirinho de Deus, à Porciúncula, e nunca mais voltarei aqui! Adeus! Adeus! Adeus, a vós todos e a todas as coisas daqui! Adeus, santa montanha, adeus, Monte Alverne, adeus, montanha dos anjos! Adeus, caro irmão falcão, que tinhas a bondade de me despertar com teu grito; agradeço muito o cuidado que por mim tiveste! Adeus, grande pedra, sob a qual tinha costume de orar; nunca mais te verei! Adeus, igreja de Santa Maria! É a ti, Mãe do verbo eterno, é a ti que recomendo estes filhos que aqui deixo!". E Francisco afastou-se daquela montanha, onde lhe tinham sido concedidos os mais altos privilégios do céu.

Ao longo da estrada que o levaria às planícies da Úmbria, recebeu grandes e expressivas homenagens. À sua passagem, todos se curvavam respeitosamente, todos queriam vê-lo de perto. Homens e mulheres, pequenos e grandes, procuravam tocá-lo e beijar-lhe a mão. Mas ele dava-lhes a beijar tão somente as pontas dos dedos, pois, a todo custo, queria ocultar as santas chagas; tanto que as palmas das mãos enfaixadas estavam sempre cobertas com as mangas do hábito. Mesmo escondendo os gloriosos estigmas para fugir a toda ocasião de glória mundana, realizou o Santo inúmeros milagres durante o longo percurso até à Porciúncula. Ao passar pela região de Arezzo, uma senhora cercou-o e, em prantos, suplicou uma graça para o filho doente, um pobre menino hidrópico. A criança, com apenas oito anos de idade, de rosto bonito, olhos azuis, cabelos claros, tinha o corpo disforme, o ventre excessivamente inchado. Francisco compadeceu-se daquele pequenino ser e, mais ainda, da desolada mãe. Rezando com fervor, pediu um milagre a Deus. Colocou suas mãos chagadas sobre o menino e, de modo surpreendente, fez logo desaparecer toda a inchação, ficando a criança, em poucos minutos, inteiramente sadia. A agradecida senhora, radiante de alegria, beijando as vestes do Santo, sentiu-se então a mulher mais feliz do mundo.

Francisco viajava de maneira penosa. Montado em um burro, acompanhado de Frei Leão e de um humilde camponês, ficava, contudo, muitas vezes, absorto, alheio a tudo e a todos, com o pensamento inteiramente voltado para Deus. Na passagem pelo Burgo de Santo Sepulcro, foi vivamente aclamado pelas multidões de Castelo e das vilas próximas. Todos queriam cumprimentá-lo, indo-lhe ao encontro. E muitos homens foram adiante dele com ramos de oliveira nas mãos, exclamando: "Eis o santo! Eis o santo!". Entretanto, ele nada viu, nem mesmo ouviu as saudações; estava em êxtase, arrebatado em pura e alta contemplação. Tanto assim que, bem mais adiante, depois de algumas horas de viagem, ao descansar em humilde casebre da estrada, perguntou a um dos companheiros: "Quando estaremos perto de Burgo?".

Em Acuto, fez uma visita de dois dias a um nobre, de nome Alberto, dono de um formoso castelo. Homem rico e generoso, recebeu o Pobrezinho de modo muito cordial, dispensando-lhe as maiores atenções. Na partida, o magnânimo hospedeiro ficou profundamente comovido ao saber que não mais veria aquele santo homem, que, de volta para sua terra natal, teria pouco tempo de vida; estava para findar-se sua nobre missão terrena. De maneira humilde e respeitosa, pediu ao Santo que lhe desse um presente, que lhe deixasse uma lembrança qualquer que fosse. Francisco respondeu que possuía unicamente o hábito, uma pobre e remendada túnica que lhe cobria os ombros. O conde Alberto lhe ofereceu outra, guardando aquela como rico e precioso legado, pois fora a mesma túnica com que o Santo recebera os estigmas.

Na cidade de Castelo, permaneceu um mês em constantes e prolongadas orações, implorando sem cessar a Deus por seus filhos espirituais, temendo a infidelidade de uns e a deserção de outros. Foi então que ouviu, em certa noite de insônia e de angústia, a tranquilizadora palavra do Mestre muito amado:

"Por que, pobre homenzinho, te afliges tanto? Eu te fiz pastor de minha Ordem a fim de que tu esquecesses que eu é que sou o teu patrono principal? Justamente por isso escolhi eu a ti, homem simples, para que tudo o que eu fizer por teu intermédio não se atribua à indústria humana e, sim, à graça do alto. Eu os chamei, eu os sustentarei e apascentarei; e, se alguns desertarem, chamarei outros a substituí-los, de modo que, mesmo quando não sejam ainda nascidos, eu os farei nascer. Por mais terríveis assaltos que sofra esta associação tão pobre, com minha graça ela sempre será salva". Assim pôde tranquilizar-se o estigmatizado com essa consoladora revelação do céu.

À pequena cidade de Castelo acorreram inúmeras pessoas, proclamando todas a grandeza do Santo, pedindo-lhe a bênção, esperando os milagres que seus delicados gestos a cada momento faziam florescer nos campos devastados pelo sofrimento humano. Foi aí que, certo dia, curou com uma só palavra uma mulher que delirava.

São Francisco pediu perdão

No fim do ano de 1224, depois de uma viagem cheia de notáveis e imprevistos acontecimentos, Francisco chegou à Porciúncula. Passou por cidades e castelos, entre pequenos e grandes, espalhando por toda parte o suave perfume de sua bondade e seu amor. Operou esplêndidos milagres, que aumentaram ainda mais sua fama de grande santo e extraordinário taumaturgo. Ao chegar à sua igrejinha querida de Santa Maria dos Anjos, sentiu profunda comoção e indizível alegria. Sem dar por terminada sua missão terrena, desejou ainda servir ao Senhor; mas, como o Apóstolo São Paulo, ele exclamava: "Já não sou eu que vivo, é Cristo que vive em mim. Longe de mim gloriar-me de outra coisa que não seja a cruz de Nosso Senhor Jesus Cristo, por quem o mundo está crucificado para mim, e eu para o mundo". Desejava ardentemente ainda, no fim de sua existência, levar almas para Deus, servindo aos pobres e desamparados, confortando os doentes. Dizia: "Quero ir ter de novo com os leprosos, socorrê-los e fazer-me desprezar pelos homens, como outrora!".

Admoestava os ricos de maneira branda, mas com segurança, lembrando-lhes o pouco valor dos bens da terra e o valor imenso dos bens espirituais, tesouro incomparável para uma eternidade venturosa. Tinha o coração abrasado pelo divino amor e, por isso, ansiava por servir, servir a todo instante, como se nunca o houvesse feito. Não procurava somente os trabalhos agradáveis: pretendia mesmo fazer aquilo que os outros recusassem fazer. Eis as palavras de São Boaventura, a respeito do

Santo nos seus últimos meses: "Crucificado com Jesus Cristo assim no corpo, Francisco não ardia, puramente, em amor seráfico para com ele, mas, também, sentia aquela sede de salvação das almas que experimentou na cruz o Filho de Deus". Não podendo, por causa das chagas que tinha nos pés, caminhar como antes, por cidades e aldeias, fazia-se conduzir assim meio morto para animar todos a carregarem a cruz do Salvador. Aos religiosos não cessava de dizer: "Comecemos a servir a Deus Nosso Senhor, porque até hoje temos dado muito pouco fruto".

Inúmeras e grandes dores deveria suportar o Pobrezinho, pois seu corpo, seu pobre corpo de humilde penitente, mais parecia um cadáver. Frei Elias, que passou algum tempo junto do mestre e amigo, percebeu claramente que seus dias estavam contados: dificilmente uma criatura humana poderia sobreviver depois de tantos e tão grandes padecimentos. E pediu-lhe que se poupasse, que não mais se entregasse a penitências. Elias, homem muito inteligente e profundamente realista, bem sabia medir a irreparável perda que para a Ordem representaria o desaparecimento de seu fundador. Por isso, com a esperança de prolongar-lhe mais um pouco a vida, pediu-lhe que aceitasse os socorros médicos. Consentindo, não sem grande constrangimento, o Santo mandou que os chamassem. Eles tudo fizeram, em verdade, para combater-lhe a doença e mais uma terrível afecção dos olhos. Com o tratamento drástico dos cirurgiões daquela época, novas ocasiões de sofrimento surgiram para aquele intimorato sofredor, que, no íntimo, muitas vezes desejava ficar livre do invólucro do corpo, que lhe trazia a alma presa, impedindo-a de voar para Deus.

Sentia, só muito raramente, alguns escassos momentos de alívio e bem-estar. Num desses momentos, voltou a atenção para o corpo e pediu que lhe dessem um cilício. Perguntaram-lhe, então: "O teu corpo não foi toda a vida, para ti, um bom e dedicado servo? Por que castigá-lo?".

Transmite-nos o poeta Martins Fontes a resposta que veio, sem tardar, dirigida ao pobre "irmão burro":

> "Bom companheiro e servo dedicado
> foste. E és tu, na verdade, o único irmão
> a quem somente penas tenho dado."
> E também, com doçura e compaixão,
> à carne enferma, ao corpo fatigado,
> São Francisco de Assis pediu perdão.

Reconheceu, é certo, os méritos do corpo. Mas nem por isso quis livrá-lo das dores, sabendo que mais resplandecente tornar-se-ia sua alma, refletindo-se no límpido cristal de Deus. Dizia humildemente ao Senhor: "Eu te rendo graças por todas as dores que sofro e te peço que as centupliques se assim te apraz. É sumamente de meu agrado que me aflijas e não me poupes, porque o cumprimento de tua vontade é minha mais doce e plena consolação".

Em face de seus constantes padecimentos, certo dia um religioso disse-lhe com muita sinceridade: "Meu irmão, roga ao Senhor que te trate menos rigorosamente, porque parece mesmo que sua mão pesa demasiado sobre ti". "Se eu não conhecesse a simplicidade de teu coração" – respondeu o Santo –, não poderia, daqui em diante, suportar mais a tua companhia, tendo tu ousado censurar os juízos divinos a meu respeito.

Na sua entrega total a Deus, o Santo era feliz, imensamente feliz. Não desejava outra coisa senão fazer a vontade do Eterno Pai. A felicidade, a paradoxal felicidade que experimentava no meio de tantas angústias, levava-o a dizer, de modo muito sincero: "Para mim, a coisa mais doce e desejada foi sempre, e é ainda, aquilo que em mim e de mim quiser Deus, meu Senhor, cuja vontade, unicamente, me empenho em satisfazer".

Ele compreendia e desejava ardentemente que todos também compreendessem que a alegria cristã – a pura alegria cristã – está no espírito de renúncia, numa vida de inteira conformidade com a vontade divina. E mostrava Jesus Cristo, o Homem-Deus, fazendo a vontade de Deus Pai e subindo as encostas do Calvário para depois, só depois, chegar à glória da ressurreição e ao esplendor da maravilhosa ascensão ao céu.

Trono vago

É o profeta Isaías quem pergunta, perplexo, quase duvidando da verdade: "Como é que caíste do céu, tu, Lúcifer, astro da manhã?".

Mas é certo, certíssimo, que o anjo da luz, tomado de inexplicável soberba, voltou-se contra o terno Senhor, numa revolta inominável, dizendo: "Subirei acima da altura das nuvens, serei semelhante ao Altíssimo" (Is 14,14).

Precipitado no abismo de trevas, eternamente condenado ao desespero de uma dor sem remédio, deixou vago o resplandecente trono dos páramos celestiais. Por milênios, esse luminoso posto assim permaneceu, não sendo ocupado por outro anjo ou por qualquer alma de eleição desta nossa terra de sofrimento.

E por que permaneceu, durante muitos séculos, vago esse lugar de intensa e agradável luz?

Deus, em seus altos e insondáveis desígnios, destinara-o certamente ao mais humilde dos homens, ao santo da humildade e do amor: Francisco de Assis.

Mas o Pobrezinho foi mesmo o santo da humildade, da verdadeira humildade? Teria sido ele o fiel seguidor daquele que disse: "Aprendei de mim que sou manso e humilde de coração?" (Mt 11,29).

Sim, ele foi o humilde dos humildes, aquele que não quis outro título, senão o de servo do Senhor. E quantos homens, que nada sabem da humildade, virtude das mais altas e meritórias para a vida futura!

A humildade cristã é a virtude dos fortes, das almas eminentes e eleitas, iluminadas pelas luzes da fé. Humildade significa dignidade, sendo bem certo que os subservientes e os fracos de caráter estão em terreno oposto ao de Francisco, imitador sublime de Cristo Nosso Senhor.

Nenhum outro santo pregou humildade com mais dedicação, com mais calor e com mais entusiasmo. Ninguém a praticou, em tempo algum, com rasgos de maior heroicidade. Santo dos humildes, ele o foi na verdade em todos os dias de sua vida terrena. Mesmo quando alvo de homenagens, sentia-se pequeno e sofria; as almas verdadeiramente puras e grandes sofrem, muitas vezes, ao receber aplausos que lhes parecem imerecidos ou, pelo menos, excessivos. Certa vez, rodeado de admiradores, disse a Frei Masseo: "Queres tu saber por que vêm todos a mim? Por que o mundo corre atrás de mim? É porque os olhos santíssimos de Deus não encontraram um pecador maior do que eu, mais do que eu pobre e lamentável; porque na terra Deus não encontrou criatura mais miserável para realizar a obra maravilhosa que pretende realizar. Escolheu-me, pois, de preferência à nobreza, poder, beleza e sabedoria, para que todos estejam em estado de reconhecer que a força e virtude vêm da mão de Deus e não das criaturas e o que se glorifica não pode glorificar-se a não ser no Senhor, porque a ele pertencem poder, honra e glória por toda a eternidade".

Sendo a humildade a verdade, o Santo desejou ardentemente ser verdadeiro em todas as horas. Eis um fato aparentemente insignificante, mas sem dúvida bem expressivo: no fim de sua vida, já bastante doente, sem nenhuma resistência orgânica para enfrentar os rigores da estação invernosa, viu-se obrigado a aceitar, e aceitou, mais por obediência, um hábito que, por dentro, continha lá de boa qualidade. Sentindo, o Pobrezinho, remorso por mostrar-se exteriormente mal agasalhado, quando na realidade tinha lá macia junto do corpo, pediu que se aplicasse por fora do hábito um pedaço do mesmo forro, a fim de que fosse visto que estava bem protegido do frio. E disse: "Não quero parecer coisa diferente daquilo que sou".

Francisco veio ao mundo para exaltar os humildes, e, por isso, seu procedimento foi inalterável dentro da humildade cristã. Dirigiu, certa vez, a seus filhos espirituais esta comovente exortação: "Conjuro, na caridade de Deus, todos os meus irmãos que pregam, oram e trabalham, os clérigos e os leigos, conjuro-os a que tratem de se humilhar em tudo, de não se desvanecer, de não se regozijar, de não se entusiasmar interiormente com os seus belos discursos e as suas belas obras, nem com o que quer que seja que haja Deus algumas vezes operado, dito ou feito neles e por eles, pois são palavras do Senhor: 'Do fato de vos estarem submissos os espíritos, não façais motivo de alegria'. E fiquemos sabendo que não temos coisa alguma que seja propriamente nossa, senão os nossos vícios e pecados. E antes nos devemos regozijar quando estamos expostos a diversas tentações e quando sofremos na alma e no corpo toda espécie de angústias e de tribulações neste mundo pela vida eterna. Acautelemo-nos também, meus irmãos, com toda espécie de orgulho e de vanglória. Ofereçamos todos os bens ao altíssimo e soberano Senhor; reconheçamos que todos eles lhe pertencem e demos-lhe graças, a ele, de quem procede todo o bem. Que o Altíssimo, o soberano Senhor, o único e verdadeiro Deus, possua, receba e aceite todas as honras e respeitos, todos os louvores e bênçãos, todas as ações de graças, toda a glória, ele de quem procede todo o bem, ele, que é o único bom".

O serafim de Assis mostrou-se, em todos os passos de sua vida, de encantadora simplicidade, dando exemplo a todos de modéstia, recolhimento e espírito de renúncia. Sentia-se bem junto dos pobres, não desejando aceitar hospedagem no palácio de homens importantes, mesmo que estes fossem príncipes da Igreja. Não se sentia bem nas suntuosas residências, junto dos grandes prelados da época, a muito custo aceitando seus convites e homenagens. Uma vez consentiu em passar alguns dias em casa do Cardeal Leão de Santa Cruz. Mas, logo na primeira noite, perdendo o sono, sem poder levantar o pensamento para Deus, sentiu terríveis tentações. Percebeu claramente que forças estranhas e perigosas queriam levá-lo para o mal. Chamou pelo irmão que fora em sua companhia e assim lhe falou: "Os demônios não têm poder, senão enquanto apraz à divina Providência conceder-lhes. Creio, pois, que se eles se lançaram contra mim com tanta crueldade, é porque a minha estada no palácio dos grandes constitui um mau exemplo. Se os meus irmãos, que residem em casas pobres, souberem que me hospedo com os cardeais, poderão supor que me deixo arrastar pelas coisas deste mundo, que me tornei sensível às honrarias e ando atrás das fúteis delícias. Eis por que aquele que veio para dar exemplo aos outros deve, penso eu, evitar os palácios, habitar humildemente com os pequenos em casas compatíveis com a sua condição; pois é compartilhando as suas dificuldades que poderá torná-los fortes e com disposição para suportarem a falta de tudo o que não têm".[1]

No dia seguinte, depois de muitas e humildes desculpas, despediu-se do cardeal.

Como se vê, foi, sem dúvida, a humildade, a santa humildade, força maravilhosa que alçou o pobre Francisco às alturas inefáveis do céu.

---

[1] ANDERMATT, B. C. *Vida de São Francisco*. s.n.t.

Na prática da alegria

O cantor angélico de Deus foi perfeito na prática da alegria. Santo do amor, foi pródigo em espalhar o bem, levando a felicidade a muitos corações. Vemo-lo muitas vezes retratado como penitente cheio de dores e de males, de olhar carregado. Mas a verdade é que, mesmo doente, estigmatizado, quase cego, ainda assim mantinha o rosto alegre com o sorriso sempre a aflorar-lhe aos lábios. Como o alpinista que sobe a um alto pico, cheio de coragem e de ânimo, alegra-se com o pensamento do término da aventura, assim o Pobrezinho, à medida que progride na vida espiritual e se avizinha de Deus, sente o coração repleto das mais puras consolações. O coração se lhe mostrava grande e generoso no rosto bom e na voz sempre mansa e suave. Alma sensível e pura, encerrada em um pobre e macerado corpo, tal foi ele, o suave eremita que sempre exaltou e louvou a alegria, como se vê destes versos fluentes e admiráveis de Augusto Gil, nos quais o Santo inspiradamente fala:

> Eu considero a virtude
> e considero a alegria
> cordas do mesmo alaúde,
> gêmeas da mesma harmonia.
>
> Quem à virtude anda afeito
> e a não mancha nem apouca,
> traz o sol dentro do peito,
> fulge-lhe o riso na boca...
>
> Quando a alma não é pura
> a alegria não é santa

e tem, no fundo, amargura
e não eleva, quebranta...

Santo que vive em desgosto,
algum remorso inda sente.
É lua do mês de agosto
com uma nuvem na frente.

A virtude e a alegria
são duas asas iguais
de inocente cotovia
sempre a subir, sempre mais.

E voa à máxima altura
e vê-se e ouve-se bem...
Luzeiro de chama pura,
estrelinha de Belém.

Virtude e contentamento,
unidos num coração,
são o melhor casamento
do sentimento cristão...

Diz a Bíblia, aonde passa
Deus falando o verbo humano:
"A tristeza é como a traça
que destrói o melhor pano...".

Só o ensino de Deus
é a suma perfeição.
Escutai-o! Pois os meus
nada valem, nada são.

Francisco foi realmente alegre e desejou sempre que seus filhos espirituais também o fossem, sem nenhum sinal de tristeza ou de mau humor. E quando lhe perguntaram, certa vez, de que modo poder-se-ia afugentar o tédio, respondeu que "a alegria brota da pureza do coração e da constância da prece".

De seu feitio amável e de seu trato simples fala muito bem um seu dedicado companheiro. Eis, pois, as palavras de Tomás de Celano: "Francisco mostrava-se cheio de esplendor, glorioso, na inocência da vida, na simplicidade das palavras, na pureza do coração, no amor de Deus e do próximo, em sua fisionomia de anjo! Ele era afetuoso no trato, manso de natureza, afável na conversação, discreto no exortar, reservado e fiel no que lhe era confiado, prudente no dar conselhos, sensato em suas empresas. Em todas as coisas ele era atencioso. Índole alegre, alma suave e meiga, mente sóbria; na meditação era contínuo, na graça perseverante, e sempre coerente consigo. Perdoava de bom grado, não era fácil de se irar. De talento pronto, dotado de feliz memória, era penetrante no argumentar, cauto no escolher, simples em tudo, severo consigo, benigno com os outros, circunspecto em todas as coisas. Muito hábil e agradável no discorrer, seu semblante era sereno, a maneira de exprimir-se doce e isenta de timidez, mas, também, muito longe de descomedimento".

Alegria e conformidade, mesmo em ocasiões desfavoráveis e difíceis, são sinais de verdadeira santidade. Vale ouro, e ouro provado no crisol, o coração daquele que se mantém calmo e sereno diante das adversidades do mundo. Deus serve-se de tais seres para operar prodígios, em situações memoráveis.

Uma vez, o Santo esteve, em seu trabalho de apóstolo e pregador, em Toscanela, perto de Viterbo, no lar piedoso de certo casal, gente boa e simples. Ali viu, penalizado, um menino, vítima de grave defeito físico. Coxo, na rua não escapava da maldade de outras crianças e mesmo de adultos que não o poupavam com suas chacotas e zombarias, levando-o, não raro, a copioso pranto. O Santo compadeceu-se do garoto e, a pedido de seus pais, rezou fervorosamente a Deus, alcançando instantânea cura. Completamente bom após a oração, o menino, lépido e feliz, pulou por todos os lados, com as pernas perfeitas, sem mais vestígio de qualquer lesão.

O milagre, à vista de muitas pessoas, causou admiração a todos, que louvaram a Deus, que operava maravilhas, ouvindo as súplicas do humilde frade. E inúmeras outras coisas prodigiosas fez Deus ainda por intermédio daquele que, sem cessar, louvava o Senhor do céu e da terra. Contudo, Francisco sentia-se sempre pequeno, não desejando ser elogiado e exaltado. Quando alguém o felicitava enaltecendo-lhe as virtudes, dizia: "Não queirais louvar quem não está seguro; posso, ainda, cair, e profundamente; não se deve elevar aos céus aquele cujo fim é incerto".

Humilde e bom, praticando invariavelmente o bem, Francisco procurou sempre ser dócil, até mesmo nas cartas, em que aproveitava o ensejo para reiterar recomendações que lhe pareciam indispensáveis, tais como o amor aos inimigos e a "abstinência moral dos vícios e dos pecados". A mansidão e as referências ao céu transpareciam em todos os seus sermões, fossem em discurso ou por escrito, sempre propensos a pôr em relevo a misericórdia divina. Entretanto, num de seus escritos, talvez o único em que se mostrou sombrio, referindo-se à morte de um pecador, descreveu impressionante cena. Vejamo-la citada por Joergensen: "O corpo torna-se doente e a morte aproxima-se. Acodem parentes e amigos que dizem ao doente: 'Põe as tuas coisas em ordem!'. A mulher, os filhos, os amigos, todos os que dependem dele manifestam o próprio sentimento, chorando. O doente olha em redor e vê lágrimas: enganado por essa emoção fingida, diz: 'Sim, de corpo e alma me entrego às vossas mãos, com tudo o que possuo!'". Mas, na verdade, perdido está o homem que entrega a tais mãos o corpo, a alma, tudo o que possui, que se fia em tais sentimentos! Foi por isso que o Senhor disse, pela boca do profeta: "Maldito é aquele que se entrega a um homem!'. Logo parentes e amigos mandam chamar o sacerdote. Diz isto ao doente: 'Queres fazer penitência de todas as tuas faltas?'. O doente responde: 'Sim!'. E o sacerdote pergunta: 'Queres compensar, na medida de tuas forças, aqueles a quem enganaste e prejudicaste?'. Mas a resposta do doente é: 'Não!'. E o sacerdote diz-lhe: 'Por que não?'. Ao que ele responde: 'Porque já entreguei tudo à minha família e aos meus amigos!'. Perde o uso da palavra e morre sem ter resgatado a sua injustiça. Ora, é preciso que todos saibam disto: sempre que um homem morre em estado de pecado grave, sem ter reparado as suas faltas, quando poderia tê-lo feito mas não o quis, logo o diabo se apodera da alma desse homem; e quão grandes são a angústia e o sofrimento de tais pessoas é o que ninguém pode saber senão quem o experimenta. Todos os dons e poderes, sabedoria e ciência que esse homem julgou possuir, tudo isso lhe é tirado. Deixa os seus bens à família e aos amigos; e estes os repartem entre si e dizem logo: 'Danada seja a tua alma, porque não ganhou mais bens para nos deixar!'. E, assim, ele perde tudo neste mundo; no outro sofre a tortura eterna do inferno".

Aí está um quadro triste pintado por São Francisco: o de pessoas egoístas que se enriquecem à custa de um moribundo, tudo fazendo para a perdição de sua alma, que à última hora perturbam com palavras de fingido afeto e lágrimas, fáceis e abundantes, que choram hipocritamente.

Sirva-nos isso de meditação para uma vida de generosidade e para o preparo de uma morte serena e feliz.

Por que sofrem os bons?

A região adjacente ao Monte Alverne, quase todo ano, costumava ser sacudida por fortes temporais, acompanhados de terríveis chuvas de pedra. A tempestade de granizo causava grandes danos à lavoura e ao gado. Conseguiu de Deus o Santo de Assis, em ardente prece, que essa extensa planície se livrasse do flagelo. Mas, ainda assim, alguns de seus habitantes perguntaram ao Pobrezinho: "Por que sofrem os bons, aqueles que trabalham e procuram unicamente o caminho do bem?".

O suave cantor, sem vacilar, respondeu-lhes que abrissem a Sagrada Escritura, que vissem nas páginas do livro dos livros a declaração de que Deus faz que o seu sol se levante sobre maus e bons e a chuva desça sobre justos e injustos. Assim como os benefícios da natureza são para todos os homens, também as calamidades e tremendos reveses atingem os que se desviam da honra e do bem, como os que trilham o caminho da justiça e da honradez. Uns e outros, todos os seres vivem na face da terra, estão sujeitos a causas e efeitos dos elementos naturais, independentemente da virtude que tenham ou deixam de ter.

Uma epidemia que assola vasta região, uma casa incendiada pelo raio, um navio afundado pela tempestade, enchentes e inundações e outros tristes acontecimentos trazem a desorientação a todos, deixando-os por igual perplexos e cheios de amargura. Custa crer que essa singular distribuição do sofrimento humano não seja outra coisa senão a aplicação das leis gerais que governam o mundo. Inútil pedir a Deus milagres perenes para sustentar seus terríveis efeitos. Os milagres continuados comprometeriam a estabilidade das leis naturais, que são necessárias ao equilíbrio do mundo. Os bons, na peregrinação terrena, são tão vulneráveis quanto os maus, expostos todos aos mesmos perigos que podem atingir a humanidade inteira. Os homens verdadeiramente bons têm de viver sob condições iguais às dos homens que praticam a maldade.

Na vida presente, em verdade, não podemos compreender todos os acontecimentos que se desenrolam aos nossos olhos. Vemos tudo, como se observássemos o avesso de um tapete bordado à mão. Essa parte toda é um emaranhado de filamentos e de cores, enlouquecidos, numa miscelânea desordenada de diversos laços. Entretanto, o tapete, olhado do outro lado, o certo, é uma perfeição de trabalho. O mesmo sucede com as ocorrências deste mundo: vemos tudo de maneira incerta e, muitas vezes, confusa, sem que possamos entender os altos desígnios da Divina Providência. Ponderadamente diz um escritor franciscano: "Percorrei a história das catástrofes, e aí achareis o mal constantemente condenado a servir a causa do bem: as invasões dos bárbaros rejuvenescendo o sangue e a virtude dos povos; as revoluções flagelam os grandes crimes e dão duras e salutares lições à depravação das leis, dos caracteres e dos costumes; as perseguições geram a progênie gloriosa dos mártires". Mas o lado certo do tapete, com certeza, só poderá ser visto da eternidade feliz, onde os eleitos irão compreender tudo, à luz do divino sol, na felicidade sublime do céu.

Mas nada de extraordinariamente bom haverá a favor dos justos na caminhada da vida presente? Nada lhes poderá dar o Senhor?

Há, sim; há um tesouro de imperecível valor para as pessoas que se voltam para Deus. O supremo Senhor lhes dará um tesouro de tal modo precioso e de tão alta valia, que as traças não poderão arruinar e a ferrugem jamais poderá consumir. Francisco, o santo do amor, fez claras referências a essa rutilante joia que se chama fé. A fé é uma força moral das maiores que existem entre as humanas criaturas. Presente divino, ela conduz os homens para a vida da verdadeira felicidade, da união com Deus, o Sumo Bem.

Os homens de fé são senhores do destino e da adversidade, pois logram ser felizes mesmo em face dos infortúnios deste mundo. O homem, dotado de alma imortal, de acordo com a razão e tocado pela divina graça, reveste-se dessa incomparável virtude, escudo seguro com o qual poderá opor-se aos dardos do inimigo e atingir as portas da eterna morada. Sem a luz da fé, a escalada para o alto não seria possível. É para qualquer homem de tal maneira necessária a verdadeira crença, que, se não a tiver, estará sem dúvida perdido. O Pobrezinho desejou que seus filhos espirituais fossem homens de fé profunda, viva e ardente para que pudessem iluminar o caminho daqueles que buscam, no meio das trevas, a senda maravilhosa da bem-aventurança. Desejava-os decididos e fortes em qualquer circunstância da vida presente, preparados sempre para os golpes da adversidade.

Mas, mesmo querendo-os impávidos e heroicos, intercedeu em inúmeras ocasiões pelos que lhe pediam auxílio. Jesus Cristo, que veio ao mundo para a conversão dos pecadores e para a salvação de todos, desejando a propagação da fé, mostrou, de maneira clara, quanto lhe era ainda agradável a intercessão do santo. Eis, nesse sentido, um expressivo exemplo: em Rieti, em 1225, alastrava-se uma grave peste entre os rebanhos. Inúmeras ovelhas caíam diariamente vitimadas por estranho mal, levando o desânimo e a tristeza não só aos proprietários e pastores, como também aos habitantes da vasta gleba pastoril. Alguém que conhecera Francisco, quando ele percorria os vales da região, dirigiu-se à Porciúncula e pediu-lhe confiantemente a bênção e a sua valiosa oração no sentido de que Deus fizesse cessar a peste e não mais fossem ceifadas dezenas de ovelhas, única riqueza daquela gente simples e boa.

Abençoando, mesmo de longe, a formosa região tão duramente atingida, o pobre estigmatizado orou humildemente. E deu-se o milagre: da noite para o dia, desapareceu o terrível mal que a todos intranquilizava e afligia. Em Rieti, a alegria e a prosperidade voltaram a reinar em todos os lares de pastores e camponeses, que levantaram as mãos para o céu, agradecendo o grande benefício recebido.

O bem-aventurado Francisco, com as chagas de Jesus Cristo em seu pobre corpo, já de regresso para a casa do Pai, ainda assim se compadecia das criaturas e por elas implorava ao Senhor.

O Cântico do Sol

São Damião tem um lugar todo especial na vida de São Francisco. Foi lá que, num dia memorável de sua agitada mocidade, o Divino Crucificado lhe falou de maneira persuasiva e inesquecível, mudando-lhe o rumo da existência, encaminhando-o para as alturas da vida cristã. Lá estavam agora suas filhas bem-amadas – as Pobres Damas – dirigidas por Madre Clara, a sua discípula muito querida.

O Pobrezinho desejou ficar, parte dos últimos dias, perto de suas plantinhas espirituais, e a dileta Clara fez que se construísse uma cabana perto do pequeno convento. Aí, teve abrigo seu pobre corpo cheio de feridas e marcas dolorosas. Seus olhos, que sempre se abriram com verdadeira alegria para a luz, agora inflamados e sempre cheios de lágrimas, não mais suportavam claridade alguma. Na cabana tosca, ao lado de suas filhas do coração, sofreu muito, muito mesmo, principalmente ao correr das noites que ele passava sem dormir, por causa dos ratos silvestres que, em contínuas excursões, não o deixavam em paz.

Nobre cavaleiro da Senhora Pobreza! Nesse local, quase cego, após uma noite de cruel insônia, percebendo, ou melhor, adivinhando a beleza do firmamento, compôs o Cântico do Sol, hino puríssimo da criatura ao Divino Criador. Vejamo-lo na primorosa interpretação de Augusto de Lima:

> Excelso, onipotente, bom Senhor,
> a ti todo o louvor; somente a ti pertençam

toda a honra, toda a glória, toda a bênção.
Nenhum mortal, ainda que o orgulho dome,
nenhum é digno de dizer teu nome.

Louvado sejas, meu Senhor,
com todos estes seres que criaste,
a começar pelo irmão sol, engaste
da luz que gera o dia e do esplendor
da tua glória – imagem, meu Senhor!

Louvado sejas, meu Senhor,
pela irmã lua e irmãs estrelas,
que formaste no céu com tanto amor,
tão claras e tão belas.

Louvado sejas, meu Senhor, pelo irmão vento,
pelo ar, nuvem, orvalho... firmamento;
pelas quatro estações, com que asseguras
nutrição e saúde às criaturas.

Louvado sejas, meu Senhor,
pela irmã água, que se arrasta,
útil, humilde, preciosa e casta.

Louvado sejas, meu Senhor,
pelo irmão fogo, fonte de calor,
que aclara a noite e afasta a morte,
belo, jucundo, varonil e forte.

Louvado sejas
por nossa irmã, a terra maternal,
cujas entranhas benfazejas
produzem o tesouro vegetal
de árvores, ervas, frutas de ouro e flores,
cheias de aroma e tintas de mil cores.

Francisco escreveu esse admirável cântico e soube, alguns dias depois, que motivos diversos, alguns de ordem política, levavam os principais homens de Assis a campos opostos, em discussões estéreis e perigosas. O bispo, homem bom e virtuoso, inexplicavelmente perdera a serenidade, sendo, por isso, para tristeza de muitos, alvo de ataques e recriminações por parte dos magistrados da cidade. O Pobrezinho quis a paz entre seus conterrâneos e escreveu duas estrofes relativas à paz, mandando que os irmãos Masseo, Rufino, Leão e Ângelo se apresentassem à reunião dos magistrados e do bispo e entoassem diante deles o cântico, especialmente as estrofes que por último fizera:

> Louvado sejas, meu Senhor,
> porque, por vosso amor,
> há quem perdoa e sente
> todos os males pacientemente.
> Feliz o que na paz perseverar,
> porque no céu Deus o há de coroar.

O efeito foi admirável. Os contendores, comovidos, escutaram o cântico e, pedindo mutuamente desculpas, abraçaram-se como irmãos, em protestos de duradoura amizade.

Mas essas estrofes ainda não foram as últimas do seu hino ao Senhor. Levado para Foligno em busca de ares puros e saudáveis que o reanimassem, sentiu que suas forças haviam diminuído rapidamente.

Antevendo, de modo claro, o término de sua jornada terrestre, desejou louvar ao Senhor do céu e da terra, ainda por causa da irmã morte. Bendizendo-a por ser ela doce e suave para os que morrem na graça divina, exclamou:

Louvado sejas, meu Senhor,
a ti, todo o louvor,
porque nos deste a nossa irmã, a morte,
a inevitável morte corporal.
Infeliz o que morre na má sorte
do pecado mortal.
Ao que morre feliz em tua graça,
nunca a outra morte há de causar desgraça.

Louvai e bendizei, todos, o meu Senhor;
louvai-o e agradecei-lhe com amor
a infinita bondade
e, cheios de humildade,
louvai e bendizei o meu Senhor!

O hino, completado por essas últimas belíssimas estrofes, agradou de tal maneira ao Santo, pelo que continham de júbilo pela vinda, na hora final, da suave, benfazeja sombra da irmã morte, que ele quis que seus religiosos o aprendessem de cor e o cantassem todos os dias. Mas o hino maravilhou a todos por ser realmente poesia da melhor qualidade.

Iniciador da poesia italiana, na opinião de alguns, o nome de Francisco de Assis está indelevelmente gravado na literatura peninsular, onde figura como luminoso marco inicial.

Sublimidade da pobreza

A pobreza é uma das condições da perfeição evangélica. Elemento essencial da vida perfeita, não poderia ser colocada em segundo plano por São Francisco, o santo do amor. Amando profundamente a Deus e ao próximo, teria necessariamente de seguir o exemplo do Divino Senhor. Com certeza lhe estavam bem gravadas na mente as palavras do Evangelho: "As raposas têm covas e as aves do céu ninhos; porém, o Filho do homem não tem onde reclinar a cabeça" (Mt 8,20).

A sublimidade da pobreza foi um dia revelada ao Santo sob a forma de uma mulher de incomparável formosura. Tinha joias de altíssimo preço, mas estava coberta com um manto de nenhum valor. Essa mulher de extraordinária beleza simbolizava a alma de Francisco; as joias preciosas representavam a imagem das suas virtudes e o manto humilde era bem a sua pobreza, guardiã e protetora de todas as virtudes.

O bom e suave cantor da Úmbria, certa vez, diante de inúmeras pessoas que desejavam saber o motivo de sua decidida preferência pela vida de pobreza absoluta, enumerou, num momento, onze razões para qualquer religioso, verdadeiro filho de Deus, afastar-se dos bens da terra, dos enganadores tesouros do mundo. Mostrou as vantagens da pobreza nos seguintes itens: "Imitar mais de perto Jesus Cristo, nascido entre palhas e morto numa cruz; fugir das perigosas e duras algemas da avareza; afervorar o amor ao próximo, de que, em regra, a propriedade não costuma ser amiga; merecer a ventura de, no juízo final, ouvir o terno chamado: 'Vinde a mim, pobres muito amados'; estar com a alma mais desapegada para os enlevos sobrenaturais; ter melhor disposição para pregar a Palavra de Deus; poder dizer verdades a ricos e pobres, sem nenhum medo; dar a todos um exemplo vivo e animado de confiança na Providência; ter interesse muito maior pelas coisas do espírito do que pelas do corpo; nobilitar os pobres, tidos e havidos como restos da sociedade; e não escandalizar os outros, visto necessitarem da sua providência cotidiana".

O ponto de vista franciscano que sustenta as vantagens da pobreza sobre a riqueza é tão luminoso, diz o Padre José de Castro, é tão profundo, de alcance tão vasto, não só quanto ao tempo, como ao espaço, que nem sequer pode ser comentado. É claro como a água do regato cristalino e esplêndido, como o raiar do sol na madrugada.

Francisco superestimava a vida de humildade cristã e apontava a pobreza voluntariamente aceita como privilégio das pessoas eleitas. Ele amou-a com grande ardor e entusiasmo, defendendo-a com coragem. Dela jamais se separou, fazendo-a sua noiva muito amada e sempre protegida. Mas, sendo pobre, muito pobre, nunca desprezou os ricos. Em seu grande e generoso coração, não se aninhou qualquer sentimento de ódio ou de mágoa contra os homens de fortuna. Respeitava-os, querendo que se lhes prestassem homenagens. E para tanto enumerava também razões, dizendo: "Se Deus honra os ricos, concedendo-lhes o poderio do mundo, por que não havemos nós de os honrar? Se não os honrarmos, não farão bom uso dos haveres e a todos cabe o dever de contribuir para a sua melhoria moral. Depois, a conversão de um rico é de mais proveito à sociedade do que a de um pobre. E porque dão esmolas, devemos ter por eles maior gratidão".

Querendo Francisco ser pobre, amando entranhadamente a pobreza cristã, preferindo-a a tudo, sem nenhuma contradição, sem desmentir-se, viu méritos também na riqueza e não amaldiçoou os detentores do ouro da terra, por julgá-los, a todos eles, filhos de Deus e, portanto, com possibilidades de compartilhar a herança do céu. Respeitando-os, desejava, contudo, que seus filhos espirituais fossem pobres no bom sentido da palavra, homens de verdadeira simplicidade, sem que jamais fizessem ostentação de seus bens ou predicados. Nada desagradava tanto os seus olhos como ver, no convento ou em qualquer lugar, os irmãos ofenderem a pobreza na mais pequena coisa que fosse. Durante todo o correr de sua vida religiosa, teve para seu uso apenas a túnica, o cordão e uns grosseiros calções. O seu exterior singelo dizia muito bem da aversão por qualquer exagero de vestuário.

Todos os primeiros franciscanos amaram realmente a pobreza. Talvez, deles, fosse Frei Elias o que menos seguisse esse preceito. Homem de muita inteligência e sincero admirador do Santo, aceitara alegremente a doutrina dada pela Ordem Seráfica, mas não pôde compreender, como era preciso, a beleza imensa da renúncia aos bens materiais do mundo. Assim, não se desprendeu inteiramente do conforto e da elegância dos trajes que bem conhecera na juventude quando se fazia admirar pelas jovens de sua amada cidade natal: Cortona.

Conta-se que, certa vez, à frente dos irmãos, reunidos numa grande sala, Frei Elias, aparecera elegantemente vestido de hábito de fina lã. Feliz dentro de sua bela e rica indumentária, chamava a atenção de todos, que notaram, não sem espanto, o seu porte altivo e nobre, o seu passo firme e cadenciado.

São Francisco entristeceu-se diante daquela manifestação de vaidade do companheiro de ideal, mas, disfarçando a tristeza que experimentava, resolveu dar boa lição a quem a merecia. Chamou o pretensioso filho a um canto e pediu-lhe emprestado, por um pouco, o seu belo e valioso hábito. Despiu-se Frei Elias, meio desconfiado, entregando-lhe, sem demora, a roupa que envergava. Vestiu-a logo o mestre, com todo o cuidado, procurando arranjar o capuz e dispor do melhor modo as pregas e o cinto. Depois, tomando uma atitude senhoril, com afetada altivez, pôs-se a andar de um lado para outro, a fim de que os franciscanos vissem bem a perfeição do fino traje. Por último, falou de modo claro e preciso, num ensinamento admirável e seguro: "Assim como estou, com este hábito fidalgo, devem trajar-se os frades que não puderem seguir as prescrições da nossa santa regra. Vistam-se bem e com bastante conforto os religiosos que nada desejarem saber a respeito da pobreza". E, tirando o hábito, lançou-o na mesma hora para longe, voltando a falar da grandeza da simplicidade e do mérito da modéstia, como tantas vezes o fizera a todos os seus filhos espirituais.

Frei Elias, o mais voluntarioso e discutido dos primeiros franciscanos, sentiu o terrível amargor de uma irônica, mas justa e severa, censura.

Frei Elias

De nada, na verdade, o Pobrezinho se gloriava. A humildade da sua Ordem, deixou-a gravada na própria denominação que lhe deu: Ordem dos Frades Menores. Humilde e pequeno, desejou que seus filhos espirituais o fossem, também, dizendo-lhes muitas vezes: "Meus irmãos, meus irmãos! O Senhor chamou-me para caminhar nas vias da humildade e da simplicidade e chamou, comigo, todos quantos me quisessem seguir e imitar". E mostrava a seus seguidores que o homem nada possui que não seja dado por Deus, não podendo orgulhar-se de coisa alguma, pois nada teria sem a vontade do Senhor.

Simples e bom, sem o menor vislumbre de vaidade, diz um grande escritor que ele era, contudo, belo e glorioso na inocência da sua vida, na simplicidade da linguagem, na pureza de seu coração, na sua ternura por Deus, na caridade para com todas as criaturas, no seu fervor de obediência pacífica, no seu aspecto angélico! "Muito humilde, exercia a sua mansuetude para com os homens, adaptando-se unicamente às maneiras de cada um. O mais santo dentre os santos parecia quase, entre os pecadores, ser um deles."[1]

Os discípulos do Santo foram seus seguidores na senda da humildade cristã. Faziam transbordar de ternura e simplicidade

---

[1] Palavras de Tomás de Celano (citadas por J. Joergensen em *São Francisco de Assis*. Petrópolis: Vozes, 1982).

os atos que praticavam. Todos os trabalhos eram executados com a silenciosa paciência dos humildes. Dominavam as paixões, numa tendência infatigável para reprimir todas as inclinações da vaidade humana; queriam, com ardor, cumprir a palavra divina, seguindo de perto a Jesus Cristo.

Francisco mostrou-se, em todos os dias de sua vida, filho dócil e submisso da Igreja, escrevendo a respeito dos sacerdotes as palavras de maior respeito e consideração. Por exemplo: "O Senhor me outorgou, e me outorga ainda, uma tão grande confiança nos padres que vivem segundo as leis da Santa Igreja Romana, que, ainda que me perseguissem, eu continuaria a procurá-los em razão de seu caráter sagrado. Mesmo que eu tivesse tanta sabedoria como Salomão, não me atreveria nunca a pregar, nas paróquias de pobres sacerdotes, sem o consentimento deles. Todos esses padres e os outros, estou resolvido a temê-los, a amá-los e a honrá-los como meus senhores; deliberado estou a não ver suas faltas, porque vejo neles o Filho Deus e eles são meus senhores".

Não teve a Igreja filho mais obediente, nem servo mais submisso do que o egrégio filho de Assis. Seguisse Frei Elias, como seguiram os outros discípulos, o seu exemplo, e não teria sido levado, pela vaidade, à transgressão da regra e à rebeldia à Cúria Romana. Elias certamente desvirtuou o ideal de São Francisco de colocar o espírito acima da matéria, o eterno além do transitório.

Mas quem foi esse homem temerário e forte que ousou afastar-se do espírito franciscano, mesmo dentro da Ordem?

Elias Bombarone, homem de cultura e talento, recebeu com Guido (outro religioso, que se tornou notável entre os primeiros) o tosco burel e o cordão das mãos do Santo em 1211, em Cortona. Seus extraordinários dotes de inteligência, seu espírito perspicaz e sua decidida vocação para os postos de comando levaram-no, em 1215, a ministro provincial da Toscana. Portou-se muito bem nesse ofício, agradando ao pai espiritual, que, no Capítulo[2] de 1219, o designou ministro provincial na Síria, para onde só poderiam ser enviados homens de valor e virtude, que estivessem, em suma, prontos a morrer pela fé. Nessa longínqua região, seu procedimento correspondeu plenamente ao que dele esperavam os demais irmãos de hábito. Ali, em 1220, realizou, com a graça de Deus e com suas convincentes pregações, a conversão do grande Cesário de Spira, posteriormente figura de real relevo na Ordem Franciscana. Morto o vigário-geral, Pedro de Catani, Francisco elegeu Frei Elias para sucedê-lo. De 1222 em diante, esteve muitas vezes no governo da Ordem, desenvolvendo sempre uma rara atividade, em trabalhos realmente notáveis.

Nos últimos meses de vida, o Santo, já muito doente, recebeu de Frei Elias uma dedicada e carinhosa assistência. Mostrou-se incansável com o pai seráfico, tudo fazendo para prolongar-lhe a preciosa vida. No leito de enfermo, tendo perdido inteiramente a vista, sentindo próximo o término de sua existência, Francisco fez-se rodear por seus amados filhos e, estendendo a mão, pousou-a justamente sobre a cabeça de Elias, a quem disse: "Sinto-me feliz, meu filho. Eu te abençoo em tudo e sobre todos. E como pela tua mão o Onipotente aumentou o número de meus irmãos e filhos, assim sobre ti e em ti eu os abençoo a todos. Deus, o Senhor de todas as coisas, te abençoe no céu e na terra; de minha parte, quanto posso, te abençoo; mas supra a minha insuficiência Aquele que tudo pode. Rogo a Deus que se lembre de tuas fadigas e obras e te faça participante do prêmio

---

[2] Assembleia geral de religiosos.

reservado aos justos; te conceda todas as bênçãos que desejas e satisfaça teus dignos votos".

É certo que o Frade de Cortona, depois da morte do Pobrezinho, trabalhou ainda com dedicação pela Ordem, mas – coisa singular! – ele não possuía o espírito verdadeiramente franciscano. Venerou – e isso é inegável – a memória do pai espiritual, mas desgraçadamente se afastou dos seus mais nobres ideais, atentando contra a santa humildade, praticando atos de ostensiva vaidade, de luxo e mesmo de despotismo. E perdeu-se pelo dinheiro que com afã angariou para a construção da grande basílica franciscana. A basílica, monumento imperecível, bastaria para mostrar à posteridade o valor de Elias de Cortona como homem. Mas, com isso, justamente com essa obra, ficou irremediavelmente comprometida a sua virtude de franciscano. Precisou de grandes somas de dinheiro, que, não na Ordem pobre, mas fora dela, teve de buscar. Isso o desacreditou perante muitos religiosos bons e zelosos, que, a exemplo de São Francisco, abominavam o dinheiro, a ponto de não querer sequer tocá-lo e, vendo tanta abundância de ouro, até suspeitaram que fosse alquimista e mago. Depois disso, tornou-se malvisto, recebendo severas e justas censuras dos que continuavam a palmilhar o caminho da humildade e da pobreza.

Além disso, Elias, político de aguda inteligência e de desmedida ambição, deixou-se dominar pela soberba e principalmente pela vaidade. A luta entre a Igreja e o Estado fez com que tomasse o partido do mais forte. Ao lado do poderoso imperador Frederico II, hostilizou o venerando Papa Gregório IX, que o excomungou, obrigando-o a deixar a Ordem e a Igreja.

Morreu alguns anos depois, fora da Ordem, mas reconciliado com a Igreja e bem unido a Deus no seu arrependimento profundo. A contrição perfeita abriu-lhe, com certeza, as portas do céu.

Testamento

O Santo de Assis foi um apóstolo, no verdadeiro sentido da palavra. Depois que teve a comovedora revelação de Deus para a vida apostólica da pregação, não descansou jamais um instante sequer. Logo no começo de sua vida, fez piedosas exortações. Nas casas em que entrava, na rua ou na praça pública, em pleno campo ou em outro lugar qualquer, levava as pessoas a fazer o bem com palavras simples e inspiradas. Seus discursos, apesar da simplicidade da forma, eram sempre incisivos e claros, a todos edificando profundamente.

Denodado cavaleiro do Grande Rei, levou por toda parte a verdade do Evangelho, não só por suas palavras repassadas de sinceridade, mas ainda por seu exemplo de virtude, e de conduta irrepreensível. Julgou-se um verdadeiro soldado de Jesus Cristo, querendo servir o Senhor do céu e da terra com toda a coragem e todo o entusiasmo do seu coração. Serviu-o sempre com ânimo sereno e sem desfalecimentos em sua vida de incansável heroísmo. Nunca deixar de ser um exemplar legionário do bem.

Dele dizia-se como de qualquer dos grandes cavaleiros do mundo: "O heroísmo não descansará debaixo de um teto, mas andará por toda parte, trabalhará em regiões vizinhas e países longínquos, em busca de lutas e aventuras". O jogral angélico de Deus cantou as glórias do Altíssimo, percorrendo cidades, vilas e campos. Nas povoações, a todos exortava, pedindo que amassem a Deus e, ao mesmo tempo, que se amassem uns aos outros.

Apóstolo de inestimável valor, quis que seus filhos espirituais lhe seguissem o exemplo, pregando as palavras do Evangelho no árduo e difícil trabalho da conversão do povo. Disse a seus companheiros, de maneira firme e clara: "Caríssimos irmãos, atentemos em nossa vocação. Deus, em sua misericórdia, mandou, não só para salvação nossa, como para a de muitos outros, que percorrêssemos o mundo, exortando todos os povos, tanto pelo exemplo como pela palavra, a fazerem penitência dos seus pecados e a lembrarem-se dos mandamentos de Deus". E quando tinha notícia do bom resultado do trabalho missionário dos religiosos, orava humildemente: "Eu vos rendo graças, Senhor, a vós, que santificais e conduzis os pobres, por me haverdes dado a alegria de ouvir falar assim dos meus irmãos. Derramai sobre eles, eu vos peço, copiosas bênçãos e santificai, com uma graça especial, aqueles que, dando o bom exemplo, espalham no mundo o perfume da sua vida religiosa".

Os primeiros franciscanos, como os que vieram depois, ouviram atenciosamente o que lhes dizia o pai espiritual e portaram-se com bravura, deixando por onde passavam sinais indeléveis de um apostolado de verdadeiros filhos de Deus, predestinados à prática do bem. Percorreram muitas regiões. Conseguiram inúmeras conversões, nem sempre pela palavra ou pela eloquência de seus discursos. A retórica e a argumentação dos pobres religiosos às vezes conseguiam pouca coisa, mas o exemplo de uma vida sem mácula de homens que tinham estampada no rosto a marca inconfundível da santidade sensibilizava a todos.

Francisco dava constante exemplo das mais excelsas virtudes, e isso era do conhecimento de todos. Mesmo nos últimos anos, gravemente enfermo, já sem poder andar, montado em um burro, visitava cidades e aldeias, pregando as verdades evangélicas, falando do amor e pedindo a paz, a paz de Jesus Cristo para todos. E a notícia dessas ações espalhava-se suavemente pela Úmbria agitada, como o eco mais puro da Palavra do Salvador.

Pregando os ensinamentos eternos, dava ele exemplo de uma vida de pobreza, de trabalho e de obediência, manifestando grande desejo de que todos os frades, em qualquer tempo, fossem pobres, trabalhadores e, sobretudo, obedientes. Desse desejo a melhor prova é o que deixou escrito. Suas palavras valem por verdadeiro testamento, pois foram escritas para todos aqueles que pertencem à família franciscana. Destaque-se, contudo, a parte destinada especialmente a seus filhos da primeira Ordem:

> Exijo expressamente que todos os irmãos trabalhem em obras manuais honrosas. Os que não conhecem nenhum ofício devem aprender um, não pela cobiça do lucro, mas para dar exemplo e para evitar a ociosidade. Quando nada pudermos obter em troca de nosso trabalho, devemos sentar-nos à mesa que o Senhor pôs para nós – indo de porta em porta mendigar provisões.

> Os irmãos nunca devem aceitar igrejas, habitações ou qualquer outra coisa que se edifique para eles quando isso não se harmoniza com as exigências da santa pobreza que juramos seguir na nossa regra. É indispensável que os irmãos, onde quer que permaneçam, portem-se sempre como estranhos e peregrinos.

> Em nome da obediência, ordeno estritamente a todos os irmãos, estejam onde estiverem, que nunca solicitem da corte romana escritos pontificais, nem diretamente, nem por

intermediários, nem para igrejas, nem para conventos, nem para pregar, nem para se livrar de perseguições. Se recusarem recebê-los em qualquer lugar, deverão retirar-se e fazer penitência com a bênção de Deus.

Desejo, por minha parte, obedecer rigorosamente ao ministro-geral de nossa Ordem, como ao guardião que desejar dar-me. Quero ficar em suas mãos de tal maneira, que, sem licença ou contra a sua vontade, eu não possa dar um passo nem tentar qualquer ação. Ele é meu mestre e meu senhor. Como sou um pobre homem ignorante, simples de espírito e doente, quero ter sempre ao meu lado um clérigo para recitar o ofício comigo, de acordo com o que está escrito na regra.

Ao ministro-geral e a todos os outros irmãos e custódios ordeno, em nome da obediência, que nada acrescentem ao que escrevi e nada suprimam. Devem sempre trazer consigo este escrito com a regra. Quando em capítulo lerem a regra, deverão também ler este escrito. Em nome da obediência, ordeno rigorosamente a todos os meus irmãos, tanto sacerdotes como leigos, que evitem qualquer interpretação da regra ou deste testamento, dizendo: "Isto deve ser entendido desta ou daquela maneira". Assim como o Senhor permitiu que eu dissesse e escrevesse simplesmente a regra e o presente papel, assim também vós deveis compreendê-los com simplicidade, sem interpretação, conformar-vos com eles, santamente, até o fim".[1]

Admiráveis essas palavras de São Francisco! Seu testamento é testemunho de uma vida repleta da mais alta simplicidade e santidade.

---

[1] JOERGENSEN, op. cit.

Os religiosos franciscanos cresceram aos milhares no correr dos séculos, e Deus sempre deles teve misericórdia, dando-lhes meios de subsistência. Cumprem-se nos verdadeiros filhos do Santo as sábias palavras do salmista: "Os pobres comerão e serão saciados; e ao Senhor darão louvores aqueles que o buscam: seus corações viverão eternamente".

Irmão Fogo

Rieti, situada na região da Úmbria, outrora importante cidade dos sabinos, rodeada de muralhas, destacou-se no tempo de São Francisco não só pela excelência do clima e comércio do vinho, azeite e frutas, mas ainda pelas visitas ilustres que frequentemente recebia. Neste formoso lugar, não distante de Assis, esteve em 1226 a corte pontifícia. As sedições e as lutas políticas afastaram de Roma o Papa Honório III e seus fiéis companheiros, entre os quais se achava o Cardeal Ugolino. Foi justamente esse grande amigo do Pobrezinho que fez com que ele se aproximasse dos grandes prelados e médicos que acompanhavam o Sumo Pontífice.

Francisco viu-se obrigado a deixar São Damião para nunca mais lá voltar, dirigindo-se, em companhia de Frei Leão, Frei Ângelo e Frei Masseo, para Rieti. No caminho, já perto da cidade onde devia demorar-se, resolveu fazer um descanso, por dois motivos: faltavam-lhe as forças para o término da jornada e desejava esquivar-se, com essa parada, de festiva recepção na cidade que o esperava. Com seus companheiros, ficou hospedado na casa de um sacerdote de São Fabião. Mas, mesmo ali, naquele lugar ermo, distante alguns quilômetros do povoado, descobriu-o o povo que lhe cercou tumultuosamente a casa. Todos queriam ver o estigmatizado de Assis para beijar-lhe as mãos, pedindo-lhe as bênçãos do céu.

A casa do sacerdote era humilde morada de vinhateiro pobre, com parreiras que lhe davam o sustento para o correr do ano todo. Aconteceu que os homens que procuravam o enfermo, sem maldade, mas imprudentemente, invadiram o parreiral de São Fabião, danificando-o. Esse acontecimento mostrou ao dono da casa o desastre de haver franqueado o sítio a um muito santo, mas perigoso hóspede... Francisco, recostado no seu improvisado leito, no meio de suas constantes dores, percebeu tudo, lendo no rosto do velho padre, que amavelmente o recebera, a mágoa e a apreensão. Com um sorriso amável, disse-lhe então de maneira serena e tranquilizadora: "Não convém que vos aborreçais, senhor sacerdote, pois não podemos no momento remediar o caso: mas descansai, que a colheita de uvas não será inferior à dos outros anos". E realmente, vinte dias depois, por ocasião da vindima, verificou-se coisa surpreendente: a colheita daquele ano superou, em muito, a que se fazia nos anos de fartura.

Em Rieti, o Pobrezinho permaneceu algum tempo, sempre cuidadosamente assistido por um doutor da Cúria Romana, grande médico daqueles tempos. Também se desvelou por ele o Cardeal Ugolino. Sua solicitude por Francisco chegava ao ponto de comover a quantos ali se achavam. Proporcionou todos os meios para um tratamento rigoroso que lhe parecia necessário, em face da doença grave que, dia a dia, se apoderava do corpo do querido amigo. Não poupando esforços, tudo fez, servindo muitas vezes o pobre enfermo com suas próprias mãos. Desejava Ugolino a vida de Francisco, pois sabia que sua morte constituiria perda irreparável não só para a Ordem, mas também para a Igreja, que muito necessitava de suas palavras e principalmente de seu edificante exemplo.

Não obstante os maiores cuidados e o desejo intenso de todos para que uma verdadeira melhora se operasse no doente, a situação física dele se tornava mais séria à medida que os dias se passavam. Sentindo-se pior, pediu que o levassem à Fonte

Colombo, uma hora de caminho distante da cidade, para respirar o ar puro do campo e beber água cristalina da famosa nascente. Fizeram-lhe a vontade, sem nenhum proveito para seu estado de saúde, sempre desanimador. Os olhos inflamados, que já não se podiam abrir à luz do sol, causavam-lhe profunda e indisfarçável dor. Percebendo, muito comovido, a constante preocupação de seus queridos filhos, que, prestando-lhe assistência, ficavam impedidos de outro qualquer trabalho, disse-lhes, um dia: "Irmãos caríssimos e filhos diletos, não vos aborreçais nem vos amotineis com os trabalhos que vos dá a minha doença, pois o Senhor bem vos pagará, neste mundo e no outro, a caridade que comigo tendes e ainda todas as orações e as boas obras que por minha causa deixais de fazer. Podeis estar seguros de que será maior a vossa recompensa por cuidardes de um pobrezinho enfermo do que por seguir à risca os piedosos regulamentos da nossa vida".

Com essas palavras, deu alento e conforto aos bons enfermeiros que dia e noite se revezavam desveladamente a seu lado.

Esgotados, sem nenhum resultado, todos os recursos da medicina, resolveu o médico lançar mão de um duríssimo tratamento: aplicação de um ferro em brasa atrás da orelha. O enfermo humildemente aceitou que se lhe aplicasse o doloroso cautério. Chegado o momento da operação, sentindo o terrível calor do ferro candente, teve um instante de sobressalto, querendo mesmo recuar. Mas, logo depois, reagiu contra esse movimento instintivo e fez um patético pedido ao fogo, ao irmão fogo, que seus olhos já não viam: "Meu irmão fogo, todas as criaturas te invejam a formosura, porque o Altíssimo te criou poderoso, belo e útil; sê propício para mim nesta hora. Sabes quanto te amei sempre e quanto te amo ainda com o amor daquele Senhor que te criou. Não te irrites comigo, mas sê benigno e atencioso. E, ao nosso Criador, eu imploro que tempere o teu calor de tal modo, que eu o possa suportar".

Sem coragem de assistir à operação, os irmãos, horrorizados, saíram do quarto. O ferro foi aplicado. A cauterização profunda pegou larga extensão, pois toda a região que vai da orelha aos olhos ficou inteiramente queimada. Nenhum movimento fez, entretanto, o paciente; parecia mesmo insensível a tão cruel martírio. Disse, com calma, no fim: "Se a carne não está ainda bastante cauterizada, podeis aplicar o ferro outra vez".

O médico ficou profundamente admirado ao ouvir essas palavras e viu no acontecimento verdadeiro milagre.

O espírito do enfermo, do santo filho de Assis, era inteira e perfeitamente subordinado à vontade de Deus: assim, o fogo e as coisas inanimadas também lhe obedeciam, como obedecem à vontade soberana do Divino Criador.

Nós te saudamos, Senhora Pobreza

Religião sem prática das boas obras, sem o amor sincero a Deus e ao próximo, não é religião. As pessoas egoístas, aquelas que não fazem o bem, vivem em terreno oposto ao da verdadeira caridade cristã. Pratica-se o bem de muitas maneiras, pois várias são as ações boas e meritórias aos olhos de Deus. Mas nenhuma é tão grande como qualquer das compreendidas nas obras de misericórdia. Dar de comer a quem tem fome e vestir os nus são, entre outras, obras de misericórdia corporais. Delas nos serão pedidas contas rigorosas, sem dúvida, no dia do juízo. Felizes aqueles que puderem ouvir no julgamento final: "Vinde, benditos de meu Pai, possuí o reino que vos está preparado desde o princípio do mundo; porque tive fome, e me destes de comer; tive sede, e me destes de beber" (Mt 25,34-35).

São Francisco, que fez do Evangelho a norma de sua vida, conhecia muito bem as palavras do Senhor: "O que fizerdes ao menor de todos os meus irmãos, os pobres, é a mim que o fazeis!".

Mesmo doente, no meio das dores mais intensas no limiar da vida eterna, reiteradamente pedia aos bons companheiros que não se esquecessem dos pobres, dos que são tocados da casa dos ricos como cães vadios. E dizia, com firmeza, que não bastava proferir boas palavras e fazer belos discursos, lembrando a propósito estes versículos do Evangelho: "O que tiver riquezas deste mundo, e vir o seu irmão ter necessidade, e lhe fechar as suas entranhas, como está nele a caridade de Deus? Meus filhinhos, não amemos de palavra nem de língua, mas por obra e em verdade" (1Jo 3,17-18).

Preciosas são as declarações que ele faz no término de sua vida terrena. No testamento escrito poucos anos antes da morte, encontram-se estas expressivas e comovedoras palavras: "O Senhor permitiu-me começar minha conversão, de modo que, enquanto ainda vivia nos meus pecados, não podia suportar sem repugnância a presença dos leprosos; mas o Senhor me pôs diante desses infelizes e compadeci-me deles".

Na Idade Média, os leprosos eram criaturas inteiramente abandonadas e sofriam terrivelmente. Tiveram eles, contudo, a melhor atenção de Francisco, que sempre lhes dispensava o maior carinho, como a todos os outros pobres de seu tempo. Os homens caídos no árduo caminho da vida, os que de qualquer maneira sofriam, mereciam, acima de tudo, sua atenção. No decorrer de uma inteira existência de perfeito cristão, desejou ouvir as queixas dos mendigos, procurando a todo custo aliviar-lhes o sofrimento, dando-lhes tudo, tudo mesmo. Quando jovem, ainda na casa do irascível Bernardone, mostrou-se generoso e bom, com uma profunda e fraterna simpatia para com os deserdados da sorte. Se encontrava alguém que lhe estendesse a mão, "dava-lhe todo o dinheiro que possuía. Se, porém, não tinha consigo uma única moeda, oferecia-lhe o chapéu, o cinto; chegava a ponto de, muitas vezes, chamar o pobre a um lugar afastado e oferecer-lhe a própria camisa que levava no corpo".[1]

Doente, nos últimos dias de vida, lembrou-se com nitidez do passado, quando poucos meses antes de sua primeira visita a Roma desejou, antes de tornar-se frade, ser mendigo, dizendo

---

[1] Id., ibid.

então: "Se pudesse, ao menos uma vez, experimentar pessoalmente o que é ser pobre, ter a sensação não de quem dá, mas de quem recebe esmola, humildemente inclinado, estendendo a mão à caridade pública!". Conseguiu, afinal, essa estranha ventura, pois em Roma, em 1204 ou 1206, nas escadarias da Basílica de São Pedro, emocionado e maltrapilho, colocou-se no meio de miseráveis criaturas que humildemente pediam aos homens ricos que ali iam ter. Também ele – o milionário dos dons de Deus – estendeu a delicada mão, exclamando, talvez assim: *"Un soldo, signore! Un soldo, signorino mio!"*.

Com esse ato heroico, teve, ainda por poucos dias, a alegria de participar da vida dos mendigos, conhecendo, na terra, os pobres homens que muitas vezes são a imagem, nas chagas e no sofrimento, do próprio Senhor do céu e da terra.

Não podia deixar de ser dedicado amigo dos pobres aquele que sentiu as agruras do mendigo. Além disso, ele encarnou edificante e exemplarmente a pobreza. Nesse sentido, é bem significativo o fato narrado por Tomás de Celano, que aconteceu quando ele deixou Fonte Colombo em busca do clima de um lugar chamado Sena. "Francisco e seus irmãos encontraram, no caminho, na planície situada entre São Quírico e Campila, três mulheres vestidas com roupas iguais, que, ao aproximarem-se do grupo dos religiosos, saudaram-no com um sinal de cabeça, exclamando, ao mesmo tempo: "Nós te saudamos, Senhora Pobreza!".

Os frades ficaram perplexos com a original saudação das três mulheres, verdadeiramente misteriosas. Quem seriam? Visões, figuras simbólicas? Só Deus o sabe...

O Santo permaneceu por algum tempo em Sena, como permanecera em Rieti, sem nenhuma melhora para o seu estado de saúde. E foi mesmo em Sena que, certa noite, sentiu-se bem perto da irmã morte; assaltaram-no violentas hemorragias. Os companheiros que o rodeavam, bons e solícitos, ficaram aturdidos e alarmados, pensando que chegara a hora final. Com lágrimas nos olhos, profundamente comovidos, acercaram-se do leito do enfermo querido e pediram-lhe a última bênção. Poucas horas depois, já um pouco melhor, Francisco levantou a mão e deu a bênção a todos os presentes, "como tinha costume de fazer em outros tempos, nas reuniões dos Capítulos". E mandou que escrevessem as seguintes palavras: "Abençoo todos os meus irmãos, os que já estão na Ordem e os que nela entrarem, até o fim do mundo! Como sinal desta bênção que lhes dou, e como lembrança minha, deixo-lhes este testamento, a saber: que sempre devem amar-se uns aos outros, como eu os amei e amo ainda; que sempre devem amar e honrar Nossa Senhora Pobreza e que sempre devem obedecer fielmente aos prelados e aos padres da nossa Mãe Igreja".

Não chegara, porém, o instante derradeiro. Começava o mês de abril, e o doce menestrel da pobreza, aquele que desprezou o ouro da terra, devia demorar-se um pouco mais ainda neste mundo. Por mais seis meses, estendido no seu leito de dor, viveu de maneira perfeita, a todos edificando. A seus companheiros, como a pedir-lhes desculpas, dizia então: "Quando vos fatigardes por minha causa, meus caríssimos irmãos, pensai sempre que o Senhor recompensar-vos-á por tudo o que por mim fizerdes".

De Assis para a Porciúncula

Em Assis, na primavera do ano de 1226, Francisco sentiu as terríveis agruras de uma nova enfermidade: uma insidiosa afecção do fígado e do estômago. A muito custo, podia tomar algum alimento. A tal ponto chegaram os padecimentos, que Frei Elias, vigário-geral e seu dedicado amigo, quis tentar ainda obter uma melhora em seu estado de saúde, levando-o, com grande cuidado, a Cortona. Nessa cidade, a família Bombarone, gente abastada e generosa, tudo fez no sentido de levantar-lhe as forças, mas em vão. Melhora alguma se notava no doente querido. Decidiu-se, em vista disso, levá-lo de volta para Assis. A caminhada de Cortona a Assis, longa e demorada, realizou-se com extremo cuidado. Inúmeros homens se revezavam no carregar aquele corpo ainda com vida, mas já todo em chagas.

A população de Assis recebeu o Santo com expressões de profunda emoção e respeito. Viam-se na chegada muitos soldados, todos armados: eram sentinelas postas à volta do doente, com o fim único de impedir que os habitantes de Perúgia viessem buscar aquele precioso fardo, pequenino e frágil, mas que, na realidade, representava um tesouro de imenso valor espiritual.

Em aposentos do palácio episcopal, ao lado do Bispo Guido, seu velho amigo, e rodeado de seus queridos irmãos, ficou Francisco algum tempo, mantendo-se em estado de perfeita lucidez, tendo-se a certeza, entretanto, como diz Tomás de Celano, que ele "não tinha um só membro sem dores; o calor natural lhe ia fugindo; cada dia avançava para a morte. Admiravam-se os religiosos de que num corpo tão desfigurado, reduzido só a ossos e pele, ou antes, já virtualmente morto, pudesse, ainda, o espírito resistir e ter tanta vivacidade".

Os religiosos visitavam-no com a maior solicitude, numa comovente demonstração de afeto e carinho. Muitos deles pediam conselhos; alguns desejavam esclarecimentos a respeito de pontos concernentes à regra; e outros apresentavam casos de consciência para que, de pronto, fossem resolvidos. As respostas eram sempre confortadoras, dadas com tal clareza e precisão, que todos ficavam admirados, vendo que Deus se servia daquele homem, puro e santo, para manifestar, de maneira perfeita, seus altos desígnios.

Verdadeiramente edificante pareceu a todos a resposta que deu a um religioso dominicano, dominado por dúvida insistente e acabrunhadora.

Homem de escrúpulos, sofria muito, temendo ser condenado ao inferno por pecados de omissão. Apresentando-se ao Pobrezinho, em seu leito de dor, disse-lhe, apreensivo: "Conheço muitas pessoas que vivem mal, sempre no caminho da impiedade, e não tenho coragem de lançar-lhes em rosto os erros que praticam. Entretanto, devo responder por esses pecados que cometem, em vista da palavra do Senhor, pela boca do profeta Ezequiel: 'Se digo ao ímpio: tu morrerás e tu não o advertires, se não lhe falares, a fim de desviá-lo do seu caminho do mal, para que viva, ele morrerá, de ti, porém, eu pedirei contas do seu sangue. Se, pelo contrário, anunciares isso ao ímpio, e ele se não converter da sua impiedade, e do seu ímpio caminho, morrerá na sua iniquidade, mas tu salvarás a vida'" (Ez 3,18-19).

O Santo tranquilizou o jovem dominicano, dizendo-lhe paternalmente: "Não temas, pois as tuas palavras nem sempre deverão ser proferidas contra os pecadores. A tua vida exemplar vale como reprovação do mau procedimento de outros". E acrescentou: "Viva a criatura humana na virtude e na prática de boas obras e estará reprovando os que procedem mal, sem que precise proferir palavras de condenação".

A estadia de Francisco dentro da cidade de Assis não foi longa. Com o pensamento da morte próxima fez virem os irmãos a seu quarto, no palácio episcopal, pedindo-lhes que o levassem para a Porciúncula, pois desejava entregar sua alma ao Criador no mesmo lugar onde havia recebido o espírito da graça. Assim, acompanhado de inúmeras pessoas, os irmãos conduziram o doente à Porciúncula, seguindo o caminho ao longo das muralhas, passando pelo hospital dos leprosos, em São Salvador dos Muros. Nesse lugar, que lhe era de inesquecíveis e confortadoras recordações, pediu aos que o carregavam: "Parem e voltem meu rosto para a cidade". A padiola foi posta no chão. Auxiliado pelos irmãos, sentou-se e rezou fervorosamente por Assis e por seus habitantes, pensando com profunda tristeza nos males que por causa das guerras viriam a cair sobre a cidade. Com os olhos quase cegos procurava divisar a cidade e as montanhas que a dominavam. Em seguida, e de modo emocionante, exclamou, levantando as mãos e traçando no ar um grande sinal da cruz: "Abençoada sejas tu por Deus, cidade santa, pois que por ti muitas pessoas irão salvar-se, e em ti habitarão muitos servos de Deus; e de ti muitos serão escolhidos para o reino da vida eterna".

Depois de proferidas essas enternecedoras palavras, o enfermo, exausto, pendeu a dolorosa cabeça para o travesseiro da padiola, enquanto seus dedicados amigos continuavam a caminhada, levando-o para a Porciúncula querida. Ali, numa cabana, ao lado da capela de Santa Maria dos Anjos, ficou Francisco, feliz, à espera do dia da partida para o céu.

Narra o escritor Wadding a chegada da "irmã" Jaquelina – Jacoba de Settesoli –, na semana que precedeu ao desenlace.

Ela apareceu mesmo na ocasião em que mais se desejava a sua presença. Nenhuma mulher podia entrar na cela humilde de qualquer um dos religiosos. Mas àquela dama romana, senhora de altas virtudes, foi permitido chegar até junto do pai espiritual. Lançou-se, banhada em lágrimas, aos pés da cama do seu bem-amado mestre – como outrora Madalena aos pés de Jesus. Essa visita reconfortou Francisco; e Jaquelina, para lhe dar ainda maior prazer, preparou-lhe o prato romano predileto, do qual tantas vezes falara durante a sua doença, exprimindo o desejo de o comer. Mas Francisco já não estava mais em condições de se alimentar; não obstante isso, quis provar o prato preparado por sua amiga e, mandando chamar o irmão Bernardo, pediu-lhe que tomasse parte no precioso banquete.

A inesperada visita de Jacoba causou grande alegria ao doente, que a recebeu como uma enviada do Senhor, pedindo-lhe que ficasse, porque tinha só quatro dias de vida. Depois, tornaria ela para Roma na companhia dos seus.

Morte do Santo

Não foram tristes e sombrios os últimos dias do cantor angélico de Deus. Antes, foram sublimes, aureolados de espetacular e poética beleza.

Percebendo que se avizinhava das bem-aventuradas portas do palácio do Grande Rei, notou que seu coração palpitava de maneira diferente, num largo ritmo de júbilo, na ânsia de ver, afinal, de perto, o seu Cristo.

Tinha o corpo esquálido coberto de feridas. Cheio de dores, com padecimentos cruéis que o não deixavam um instante sequer, sentia-se, contudo, feliz, e cantava, cantava sempre, recebendo o sofrimento com enlevada alegria. Sofria; mas, quanto mais fortes suas dores, mais feliz se sentia.

Invocava a morte, como se invoca a volta da bem-amada ausente. Dizia: "Meu Deus, eu te suplico a morte. Por piedade, faze-me morrer de amor. Jesus Cristo, faze-me passar para junto de ti".

Ele queria abismar-se, para sempre, no mistério do amor: *"L'Amor che muove il sole e le altre stelle"*.

Na quinta-feira, 1º de outubro, percebendo claramente que a hora final se aproximava, mandou reunir todos os frades em seu aposento. Com indisfarçável carinho, pôs as mãos sobre a cabeça de Bernardo de Quintavalle:

> Afagando a cabeça ao doce irmão Bernardo,
> prosseguiu: "Este é o vosso irmão mais velho,
> que desde já será vosso chefe e guardião.

> Do século ele trouxe o nome – Quintavalle:
> quem há que ainda o iguale
> nos bens que abandonou pelo Evangelho?
> E agora que minha alma está já prestes
> à renúncia final, que eu nada mais possua;
> tirai-me deste catre e do corpo estas vestes;
> que eu desejo expirar nu sobre a terra nua".[1]

Em seguida, recomendou a todos que cumprissem rigorosamente o testamento e a regra que lhes deixava e que fossem fiéis à sua amada Porciúncula, dizendo:

> Cumpri o testamento e a regra que vos dei,
> reine a paz entre vós; guardai da Igreja a lei;
> amai sempre a pobreza, é o que o Evangelho ensina,
> e ficai, meus irmãos, fiéis, eu vo-lo peço,
> à Porciúncula pobre, humilde e pequenina.
> Se alguém vos expulsar dela, por uma porta,
> entrai, sutis, por outra; a humilhação que importa?
> Esta é a casa de Deus e o pórtico do céu.
> Nada mais desejeis, amados filhos meus:
> o corpo é a nossa cela,
> a alma, o eremita que reside nela,
> para a oração e o pensamento em Deus.

E, num místico arrebatamento, abençoou os irmãos ausentes, os que ali estavam e todos os que no futuro viessem a fazer parte da Ordem, reanimando-se por instantes; depois, pediu, mais uma vez, que o pusessem nu na terra nua. E, fatigadíssimo, adormeceu.

Na sexta-feira, despertou no meio de dores cruciantes. E acreditando que era ainda quinta-feira, mandou buscar um

---

[1] LIMA, Augusto. *São Francisco de Assis*. s.n.t.

pão, abençoou-o e, à maneira do Mestre, distribuiu-o por todos os companheiros. Pediu então que lhe lessem o Evangelho da Quinta-feira Santa. Um dos irmãos, chegando-se bem perto do leito, leu, com voz comovida, as edificantes palavras referentes à última ceia: "Antes do dia da festa da Páscoa, sabendo Jesus que era chegada a hora de passar deste mundo ao Pai, como tinha amado os seus que estavam no mundo, amou-os até o fim. E acabada a ceia, como já o diabo tinha metido no coração a Judas, filho de Simão Iscariotes, a determinação de o entregar, sabendo que o Pai depositara em suas mãos todas as coisas e que ele saíra de Deus e ia para Deus, levantou-se da ceia e depôs suas vestes, e pegando numa toalha, cingiu-se. Depois colocou água numa bacia e começou a lavar os pés aos discípulos, e a limpar-lhos com a toalha com que estava cingido. Veio pois a Simão Pedro. E disse-lhe Pedro: 'Senhor, tu a mim me lavas os pés?'. Respondeu Jesus e disse-lhe: 'O que eu faço, tu não o sabes agora, mas sabê-lo-ás depois'. Disse-lhe Pedro: 'Não me lavarás tu jamais os pés'. Respondeu-lhe Jesus: 'Se eu não te lavar, não terás parte comigo'. Disse-lhe Simão Pedro: 'Senhor, não somente os meus pés, mas também as mãos e a cabeça'. Disse-lhe Jesus: 'Aquele que está lavado não tem necessidade de lavar senão os pés, e no mais todo ele está limpo. E vós outros estais limpos, mas não todos'. Porque ele sabia qual era o que o havia de entregar; por isso disse: 'Não estais todos limpos'. E depois que lhes lavou os pés, tomou logo as suas vestiduras, e tendo-se tornado a pôr à mesa, disse-lhes: 'Sabeis o que vos fiz? Vós me chamais Mestre e Senhor; e dizeis bem, porque o sou. Se eu, sendo vosso Senhor e Mestre, vos lavei os pés, deveis vós também lavar-vos os pés uns aos outros. Porque eu dei-vos o exemplo para que, como eu vos fiz, assim façais vós também'" (Jo 13,1-15).

Passou a sexta-feira, e chegou o sábado, dia 3 de outubro. O enfermo estava mais do que exausto. Então pediu humildemente aos irmãos que espalhassem cinza sobre o seu corpo, acrescentando: "Dentro de pouco tempo nada mais serei do que pó e cinza".

À tarde, já sem nenhum movimento de braços, quase sem vida, desejou que todos cantassem. Os irmãos Ângelo e Leão, disfarçando o que lhes ia na alma, entoaram então o "Cântico do Sol", de que ele apenas repete aquele verso pungente: "Louvado sejas, Senhor meu Deus, por nossa irmã a morte".

Horas após, ele próprio, num supremo esforço, com o frio a crescer-lhe no coração, tão cheio de luz, do amor de Deus, canta comovidamente o Salmo 141, de Davi: "Com a minha voz clamei ao Senhor; com ela elevei até ele a minha oração".

A noite, triste, vinha chegando. Os irmãos, silenciosos, agrupados na pequena e escura cabana, ouvem, entre lágrimas, as palavras do Santo, que parece transfigurar-se.

Quando ele se cala, as cotovias, suas amigas, suas queridas amigas, surgem rumorosamente em revoada e ali se demoram, dando-lhe o último adeus.

Depois, Jesus Cristo mesmo veio buscar aquela alma, que há muito lhe pertencia, para a entrada triunfal no reino do céu.

Oração

Ó seráfico São Francisco, que renovastes o mundo no espírito de Jesus Cristo, ouvi-nos! A avidez das riquezas, a insídia dos prazeres, a loucura das desordens tornam a ofuscar os espíritos e a enregelar os corações.

Volte entre nós a vossa luz, o vosso amor, o vosso espírito, ó suavíssimo Santo! Vós que fostes rico, mas vos fizestes pobre, ensinai-nos a compreender melhor a vossa santa pobreza, que é riqueza desconhecida. Vós que vos elevastes acima das alegrias terrenas, alcançai-nos a graça de amar puramente as criaturas como as amastes e de santificar as alegrias da vida. Vós, que cantastes a harmonia de todas as coisas criadas, que vivestes o heroísmo nas obras e no sacrifício e saudastes como irmã a própria morte, comunicai-nos uma centelha da chama que vos domina e abri os corações à doce caridade, que é ordem, atividade fervorosa, conforto e serenidade na dor e na morte.

Oxalá pudéssemos viver nossa hora terrena continuando o vosso sublime apostolado!

Vós conheceis as pessoas, as obras, os anseios, as nossas esperanças; abençoai-as. Protegei a Igreja, a pátria, o mundo; suscitai nos caminhos de todas as pessoas deste exílio um fecundo desejo de bem e de paz, única fonte de perfeita alegria. Assim seja.

O autor

Deodato Ferreira Leite nasceu em 27 de setembro de 1898, na cidade das rosas: Jaboticabal. Em 1912, foi para Itu, como interno do Colégio São Luís, onde fez seus primeiros estudos. Em 1917, passou a residir em São Paulo com seus familiares. Exerceu depois o cargo de Oficial do Registro de Imóveis da Comarca de Santa Cruz do Rio Pardo, no interior de São Paulo. Foi exatamente nessa época que, doente, atacado de uma sinusite do frontal, ao submeter-se a uma injeção raquidiana, ficou prejudicado, vítima de uma paraplegia espasmódica. Teve, por algum tempo, grande melhora. Em 1925, já em São Paulo, casou-se e teve três filhos. Em 1936, um acontecimento abalou e marcou sua vida: a morte da mãe. A partir desse dia, Deodato passou a viver uma frase do Evangelho: "Amarás o Senhor teu Deus de todo o teu coração". A paraplegia começou a manifestar-se de maneira progressiva. Deodato, mesmo encravado numa cadeira de rodas, não parou de andar: não com as pernas, mas com o seu ser. Participou do trabalho assíduo com os pobres como membro da Ordem Terceira de São Francisco e escreveu para várias revistas, entre as quais *Anais Franciscanos* e *Andorinha* (revistas já fora de publicação). Colaborou também na revista *Família Cristã*, da Paulinas Editora, e proferiu inúmeras conferências nos mais diversos lugares.

Em 1960, recebeu do poeta Cleómenes Campos a "Medalha Anchieta", criada pelo governo do Distrito Federal, para ser conferida àqueles que ensinam (como Anchieta).

Hoje, Deodato Ferreira Leite se faz novamente presente ao público pela reedição do livro *Francisco, cantor da paz e da alegria*. Na realidade, o que é de Deus é sempre novo, como este livro e como o ser de Deodato F. Leite, falecido em São Paulo, em agosto de 1981.

Impresso na gráfica da
Pia Sociedade Filhas de São Paulo
Via Raposo Tavares, km 19,145
05577-300 - São Paulo, SP - Brasil - 2017